Albert Wangerin

Anmerkungen und Zusätze zur Entwerfung der Land- und Himmelschaften

Albert Wangerin

Anmerkungen und Zusätze zur Entwerfung der Land- und Himmelschaften

ISBN/EAN: 9783743382251

Hergestellt in Europa, USA, Kanada, Australien, Japan

Cover: Foto ©Andreas Hilbeck / pixelio.de

Manufactured and distributed by brebook publishing software (www.brebook.com)

Albert Wangerin

Anmerkungen und Zusätze zur Entwerfung der Land- und Himmelschaften

Anmerkungen und Zusätze

zur Entwerfung

der

LAND- UND HIMMELSCHARTEN.

Von

J. H. LAMBERT.

(1772.)

Herausgegeben

von

A. Wangerin.

Mit 21 Textfiguren.

LEIPZIG
VERLAG VON WILHELM ENGELMANN
1894.

Anmerkungen und Zusätze zur Entwerfung der Land- und Himmelscharten.

§ 1.

Man giebt überhaupt mehrere Bedingungen an, denen eine vollkommene Landcharte Genüge leisten soll. Sie soll 1) die Figur der Länder nicht verunstalten. 2) Die Grössen der Länder sollen auf der Charte ihre wahren Verhältnisse unter sich behalten. 3) Die Entfernungen jeder Oerter von jeden andern sollen ebenfalls im Verhältniss der wahren Entfernungen seyn. 4) Was auf der Erdfläche in gerader Linie, das will eigentlich sagen auf einem grössten Circul der Sphäre, liegt, das soll auch in der Landcharte in gerader Linie liegen. 5) Die geographische Länge und Breite der Oerter soll auf der Charte leicht können gefunden werden etc. Das will nun überhaupt sagen, die Landcharten sollen in Absicht auf ganze Länder, ganze Welttheile oder die ganze Erdfläche durchaus eben das seyn, was ein Grundriss in Absicht auf ein Haus, Hof, Garten, Feld, Forst etc. ist. Dieses würde nun ganz wohl angehen, wenn die Erdfläche eine ebene Fläche wäre. Sie ist aber eine Kugelfläche, und damit lässt sich nicht allen Bedingungen zugleich Genüge leisten, sondern man muss sich eine oder einige davon besonders vorsetzen, wenn es sich der Mühe lohnt, derselben vorzüglich Genüge zu leisten.

§ 2.

Wenn man indessen bey der Vergleichung einer Charte mit einem Grundrisse verbleiben will, so lässt sich eine Vorstellungsart denken, bey welcher diese Vergleichung noch so ziemlich angeht. Man setze z. E., es sey von dem Grundrisse eines Berges die Rede, so denkt man sich eine durch den Fuss des Berges gehende horizontale Ebene. Man denkt sich ferner senkrechte Linien, die aus jedem auf dem Berge befindlichen Puncte auf die Ebene herunterfallen, und da, wo diese Linien hintreffen, stellt man sich den Ort des Puncts vor, aus welchem sie heruntergezogen gedacht werden. Auf diese Art erhält man den Grundriss des Berges dergestalt, dass man nur die Höhe eines jeden Puncts über der Ebene zu wissen nöthig hat, um sich seine wahre Lage aus dem Grundrisse vorzustellen, weil dieser die horizontale Lage des Puncts angiebt. Mehrerer Vollständigkeit halber werden dem Grundrisse noch Profilrisse beygefügt, aus welchen man sich die Figur des Berges, seiner Höhe nach, deutlicher vorstellen kann. Je regulärer der Berg ist, desto weniger Profilrisse sind dazu nothwendig. Wenn also z. E. der Berg ein Abschnitt einer Kugel [107] wäre, so würde ein einziger Profilriss hinreichend seyn.

§ 3.

Nun hindert nichts, dass man nicht z. E. Europa als einen solchen Berg sollte ansehen können, dessen Fuss die Fläche des Meeres beym Cap St. Vincent, bey dem Einfluss des Nils und bey der nördlichsten Spitze von Norwegen ist. Durch diese drey Puncte lässt sich eine ebene Fläche denken, und auf diese können aus jeden Oertern senkrechte Linien gezogen werden, welche die Lage der Oerter angeben. Das Profil ist durch einen Circulbogen leicht zu bestimmen, und auf diese Art wird die Charte von Europa dem Grundrisse eines Berges ganz ähnlich.

§ 4.

Die hierzu erforderliche Projectionsart ist die sogenannte orthographische, und ihre Gesetze sind längst bekannt. Man kann aber damit höchstens nur die halbe Erdfläche vorstellen, und zu Charten von einzelnen Ländern ist sie meines Wissens noch nie gebraucht worden. Hingegen haben sie die Astronomen zur Entwerfung der Finsternisse desto öfterer gebraucht. Sie ist endlich auch zu solchen Planisphärien des Himmels gebraucht worden, wodurch man den Auf- und Untergang der Sonne und der Sterne nach der Verschiedenheit der Polhöhen auf eine leichte Art hat vorstellig machen wollen, und da dient [108] sie zugleich auch, für jede Polhöhe die

Sinus der Sonnenhöhe für jede Stunde leicht zu finden. Es braucht dazu weiter nichts, als dass man die Sphäre auf die Fläche des Colurus Solstitiorum orthographisch entwerfe. Die sämtlichen Circul der Sphäre erscheinen bey dieser Projection theils als **gerade Linien**, theils als Circul, mehrentheils aber als **Ellipsen**.

§ 5.

Man hat sich aber an den Begriff, dass eine Landcharte einen Grundriss der Erdfläche vorstellen soll, nicht gebunden, sondern statt des Grundrisses die **perspectivische Entwerfung** gewählt. Damit sollte die Erdfläche so gezeichnet werden, wie sie, aus einem gegebenen Punct betrachtet, in das Auge fallen würde. Hierüber hat ganz neulich Herr Prof. *Karsten* im 5ten Bande der bayerschen Abhandlungen eine allgemeine analytische Theorie bekannt gemacht, und dadurch auch diesen Theil der angewandten Analysis erweitert. Da man indessen für die Lage des Auges unzählige Puncte wählen kann, aus welchen die Erdfläche perspectivisch kann entworfen werden, so hat man sich vorzüglich an dreyerley solcher Puncte gehalten, die an sich etwas vorzügliches haben. Einmal setzte **man das Auge von der Kugel unendlich entfernt**, und das gab die vorerwähnte **orthographische Projection**. Sodann nahm man den Punct irgend wo in der **Oberfläche der Erde**, [109] und diese Projectionsart wurde die **stereographische** genannt, vermuthlich in Ermanglung eines bestimmteren Ausdruckes. Endlich setzte man das Auge in den **Mittelpunct der Erde**, und diese Projectionsart mag, weil mir kein anderer Name bekannt ist, die **Centralprojection** heissen.

§ 6.

Die stereographische Projectionsart hat viel vorzügliches darin, dass alle Circul der Sphäre darauf theils als gerade Linien, theils als Circul erscheinen, und dass alle Winkel auf der Kugelfläche in der Projection ihre Grösse behalten. Sie wird daher auch bey Entwerfung der ganzen Erdfläche und Welttheile, so wie auch der Himmelskugeln gewöhnlich gebraucht, und besonders hat Herr *Hase* für einzelne Welttheile die von ihm so genannte horizontale stereographische Projectionsart eingeführt, wo das Auge in den Nadir des Mittelpuncts des zu entwerfenden Landes gesetzt wird. Es ist dieses die 8te vom *Varenius* beschriebene Art. Herr *Küstner* hat bey der göttingischen Societät der Wissenschaften eine analytische Theorie darüber vorgelesen, die nun unter seinen Dissert. mathem. et physicis in öffentlichem Drucke erschienen ist. Herr *Hase* gebrauchte sie besonders, weil die Entfernung der Oerter von einander noch so ziemlich genau auf solchen Charten gemessen werden kann, und auch die Figur der Länder [110] noch ziemlich beybehalten wird. Bey Verzeichnung der Halbkugel der Erde wird gewöhnlich das Auge in den 90sten und 270sten Grad des Aequators gesetzt, weil auf diese Art die alte und die neue Welt, jede besonders, gezeichnet werden kann. Will man hingegen die Lage der Polarländer kenntlicher machen, so wird das Auge in die Pole gesetzt, und dies ist der Grund, warum die beyden Hemisphärien des Herrn Grafen *von Redern*, so die Königl. Akademie der Wissenschaften zu Berlin herausgegeben, die Pole in der Mitte haben, weil auf diese Art die Lage der unbekannten Südländer besser in die Augen fällt. Uebrigens werden bei der stereographischen Projectionsart die Länder desto grösser, je mehr sie von der Mitten entfernt sind, weil die Distanzen wie die Tangenten der halben Entfernung vom Mittelpunct zunehmen.

§ 7.

Die Centralprojection hat den Vortheil, dass alle grössten Circul der Sphäre auf derselben gerade Linien sind, und zwar mit Ausschluss jeder kleinern Circul, welche allemal durch Kegelschnitte vorgestellt werden, und nur in einem besondern Fall circulär sind. Diese Entwerfungsart leistet demnach den Vortheil, dass auf derselben alle die Oerter in gerader Linie liegen, die auf der Erdfläche auf einem grössten Circul sind. Indessen sind mir wenigstens keine nach dieser Art gezeichnete Landcharten bekannt, es [111] sey denn, dass man diejenigen dahin rechnen wolle, die von Liebhabern der Gnomonic auf Sonnenuhren gezeichnet werden, wo diese Entwerfungsart eigentlich vorkömmt. Hingegen lassen sich Himmelscharten mit gutem Vortheile auf diese Art verzeichnen, und dies ist auch von *Doppelmayer* auf den 6 Platten geschehen, worauf derselbe den ganzen Himmel, nur nicht mit der Genauigkeit, die man dabey verlangen konnte, vorstellig gemacht hat. Uebrigens kann bey der Centralprojection die

Halbkugel nicht ganz vorgestellt werden, weil die Entfernungen vom Mittelpunct aus wie die Tangenten der Grade anwachsen. Dieses macht auch, dass die Grösse der Länder sehr ungleich, und ihre Figur merklich verunstaltet wird.

§ 8.

Es haben demnach die drey erwähnten perspectivischen Entwerfungen ihre Vortheile und Nachtheile, und keine thut allen Bedingungen (§ 1) Genüge. Besonders hat die Bedingung, dass die Grössen der Länder ihre wahren Verhältnisse behalten, bey keiner statt, und die Bedingung von der Ausmessung der Entfernung der Oerter leidet dabey theils Einschränkung, theils fordert sie besonders dazu ausgesonnene Constructionen. Dieses hat bereits *Richmann* in dem 13ten Bande der Petersburgischen Commentarien, so 1751 herausgekommen, angemerkt, und zwar in der daselbst befindlichen [112] Abhandlung: de perficiendis mappis geographicis, imprimis universalibus, per idoneas Scalas metiendis distantiis inservientes. Was *Richmann* in dieser Abhandlung vorbringt, ist überhaupt gut angemerkt, es leidet aber noch sehr merkliche Erweiterungen und schicklichere Verbesserungen.

§ 9.

Entwerfungen zu ganz besondern Absichten erfordert die Schiffarth. Dieses hat auch den Seekarten eine ihnen eigene Gestalt gegeben, die seit *Mercators* Zeiten alle Vollkommenheit erreicht zu haben scheint. Zugleich erhellte auch daraus, dass man die perspectivische Entwerfung weder als die Hauptabsicht noch als den einzigen Grund zur Verzeichnung der Landcharten anzusehen habe. Denn da ohnehin nicht alle Absichten zugleich erhalten werden können, so ist es zureichend, wenn eine Charte derjenigen Absicht Genüge leistet, zu welcher sie eigentlich dienen soll. Es soll aber billig die Entwerfungsart eine oder mehrere bestimmte Absichten haben, und derselben genau angemessen seyn. So z. E. ist es nicht abzusehen, wozu des *Bellin* cylindrisch entworfene Charte besonders dienen soll, weil sie keiner bestimmten Absicht durchaus Genüge leistet.

§ 10.

Die elliptische Figur der Erde ist von der sphärischen kaum genug verschieden, dass man bey Entwerfung der Charten darauf Acht haben [113] sollte. Indessen hat Herr Pr. *Lowiz* dennoch in den Schriften der ehemaligen cosmographischen Gesellschaft, und namentlich im deutschen Staatsgeographus eine Entwerfung der sphäroidischen Erdfläche berechnet und angegeben, wo alle Winkel ihre Grösse behalten, wie es bey der stereographischen Entwerfung der Kugelfläche und bey *Mercators* Seecharten geschieht. Es ist auch die Lage der Länder und Oerter noch lange nicht so genau bestimmt, dass man auf einen Unterschied von etlichen Meilen, so bey der sphäroidischen Figur bey grossen Distanzen zum Vorschein kommen kann, sollte denken können. Selbst auch dieser Unterschied müsste durchaus als genau bestimmt angenommen seyn, welches eben noch nicht ist. Es ist daher nicht zu verwundern, wenn man bey der sphärischen Figur bleibt. Sie wird ohnehin bey dem Abdrucke des Kupfers ungleich mehr elliptisch, als es die Erde an sich schon ist, weil das Papier beym Trocknen sich nach der Länge anders als nach der Breite einzieht. Dadurch kann die Erde sowohl oblong als abgeplattet erscheinen, je nachdem das Kupfer abgedruckt wird. Die sphäroidische Figur ist demnach schon aus diesem Grunde mehr ein Gegenstand der Berechnung als der Zeichnung. Wir werden sie indessen nicht ganz übergehen, sondern sie in folgendem besonders vornehmen, und sehen, was sich dabey anmerken lässt.

[114] § 11.

Was nun von denen anfangs erwähnten Absichten der Landcharten noch wenig oder gar nicht erhalten wird, das sind die verhältnissmässigen Distanzen und Grössen der Länder. Letzteres kann, und zwar auf mehrerley Art, erhalten werden. Und da *Richmann* damit noch kaum einen Anfang gemacht hat, so wird es Stoff geben, im folgenden umständlicher davon zu handeln. Ersteres geht auf keine Art allgemein und genau an, wenn man weiter nichts, als die in Specialcharten üblichen gleichtheiligen Maassstäbe dazu gebrauchen will. Constructionen, wodurch die Distanzen bey verschiedenen Projectionsarten können gefunden werden, sind an sich gut, aber gewöhnlich zu weitläuftig und unbequem. Die einfachste Art ist die bei *Mercators* Seecharten übliche. Sie giebt aber den Weg des Schiffes und seine Länge, demnach nur in dem einzigen Fall die eigentliche Distanz an, wo das Schiff gerade nach dem Mittagskreise fortsegelt. *Richmann* giebt die Sache eher durch Berechnung als durch eine leichte Construction an, und da mir in dieser Sache weiter nichts brauchbareres bekannt ist, so habe ich mir die Aufgabe als ganz unaufgelöst vorgesetzt, und werde, was ich dienliches gefunden, nun vortragen.

[115]
I. Charten zu Bestimmung der Distanzen der Oerter.

§ 12.

Es seyn auf der Kugelfläche drey Oerter A, P, B. Ihre Distanzen seyn

$$AP = \xi,$$
$$BP = \eta,$$
$$AB = \zeta.$$

und der Winkel

$$APB = \lambda.$$

Hiebey mag P der Pol seyn, und da sieht man leicht, dass alsdann λ der Unterschied der Länge beyder Oerter A, B ist.

Fig. 1.

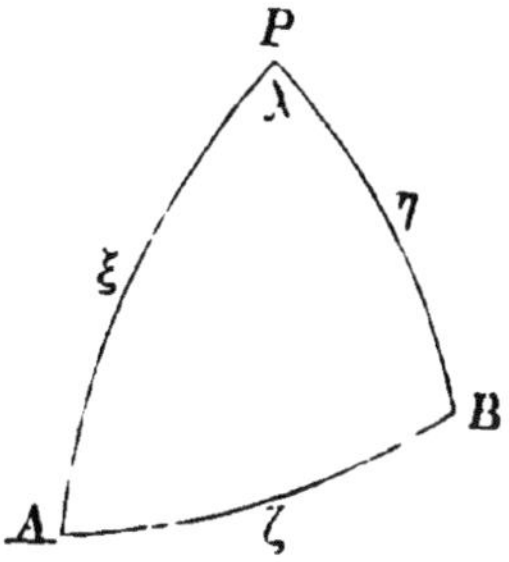

§ 13.

Nun seyn eben die Oerter auf der zu entwerfenden Charte a, p, b. Ihre Distanzen seyn

$$ap = x,$$
$$bp = y,$$
$$ab = z.$$

Dadurch verstehe ich hier die Länge der geraden Linien ap, bp, ab.

Fig. 2.
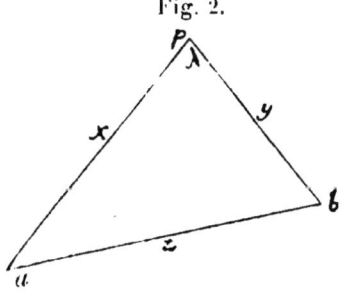

§ 14.

Da nun auf der Kugelfläche die drey Winkel A, P, B zusammen allemal grösser denn 180 Grade, hingegen die drey flachen Winkel a, p, b allemal = 180 Gr. sind, so können sie nicht wohl mit einander verglichen, noch in ein schickliches [116] Verhältniss gebracht werden. Ich habe daher den Winkel $apb = APB = \lambda$ gemacht. Dadurch aber erhielt der Ort P eine Bestimmung, die bey den andern beyden Oertern A, B nicht kann angebracht werden, und so sahe ich leicht, dass alle auf der Landcharte zu zeichnenden Oerter eine Beziehung auf den Punct p haben würden. Ich liess mich indessen dadurch nicht abhalten, den fernern Erfolg zu untersuchen, weil ich immer noch die Wahl frey hatte, andere Voraussetzungen anzunehmen, wenn es nicht nach Wunsch gehen würde.

§ 15.

Nun gab mir die Trigonometrie die beyden Gleichungen

$$zz = xx + yy - 2xy \cos \lambda,$$
$$\cos \tfrac{z}{\cdot} = \cos \xi \cos \eta + \sin \xi \sin \eta \cos \lambda.$$

In beyden kommt von dem Winkel λ der Cosinus vor, und dieses war an sich desto schicklicher, weil es genug war, zwischen x, y, z und ξ, η, ζ geschmeidige Vergleichungen zu suchen. Es war nemlich zu sehen, wiefern x, y, z Functionen von ξ, η, ζ seyn können. Und diese Frage löste sich in die auf, wiefern die zweyte Gleichung durch gehörige Verwandlung der erstern ähnlich gemacht werden konnte?

§ 16.

Da nun in den beyden Gleichungen ζ, z nur einmal vorkömmt, so fing ich damit an, und die Betrachtung, dass

$$\cos \tfrac{\zeta}{\cdot} = 1 - 2 \sin^2 \tfrac{1}{2} \tfrac{\zeta}{\cdot}$$

[117] ist, gab die erste Verwandlung

$$2 \sin^2 \tfrac{1}{2} \zeta = 1 - \cos \xi \cos \eta - \sin \xi \sin \eta \cos \lambda.$$

Damit war nun der erste Schritt zu der gesuchten Aehnlichkeit beyder Gleichungen gethan.

§ 17.

Der andere Schritt besteht ebenfalls darinn, dass ich

$$\cos \xi = 1 - 2 \sin^2 \tfrac{1}{2} \xi,$$
$$\cos \eta = 1 - 2 \sin^2 \tfrac{1}{2} \eta$$

setzte, und damit erhielt ich

$$2\sin^2\tfrac{1}{2}\zeta = 2\sin^2\tfrac{1}{2}\varsigma + 2\sin^2\tfrac{1}{2}\eta - 1\sin^2\tfrac{1}{2}\varsigma\sin^2\tfrac{1}{2}\eta$$
$$- \sin\varsigma\sin\eta\cos\lambda.$$

oder

$$\sin^2\tfrac{1}{2}\zeta = \sin^2\tfrac{1}{2}\varsigma + \sin^2\tfrac{1}{2}\eta - 2\sin^2\tfrac{1}{2}\varsigma\sin^2\tfrac{1}{2}\eta$$
$$- \tfrac{1}{2}\sin\varsigma\sin\eta\cos\lambda.$$

Hier sahe ich nun wohl, dass, wenn auch

$$\sin\tfrac{1}{2}\zeta = z$$

gesetzt werden konnte, es doch nicht angieng,

$$\sin\tfrac{1}{2}\varsigma = x,$$
$$\sin\tfrac{1}{2}\eta = y$$

zu setzen, um die Gleichungen ähnlich zu machen. Das einzige Mittel war zu sehen, ob in der zuletzt herausgebrachten Gleichung

$$\sin^2\tfrac{1}{2}\zeta = \sin^2\tfrac{1}{2}\varsigma + \sin^2\tfrac{1}{2}\eta - 2\sin^2\tfrac{1}{2}\varsigma\sin^2\tfrac{1}{2}\eta$$
$$- \tfrac{1}{2}\sin\varsigma\sin\eta\cos\lambda$$

das Glied

$$2\sin^2\tfrac{1}{2}\varsigma\sin^2\tfrac{1}{2}\eta$$

weggeschafft werden könnte. Dieses gieng nun dadurch an, dass

$$\sin^2\tfrac{1}{2}\varsigma - \sin^2\tfrac{1}{2}\varsigma\sin^2\tfrac{1}{2}\eta = \sin^2\tfrac{1}{2}\varsigma\cos^2\tfrac{1}{2}\eta,$$
$$\sin^2\tfrac{1}{2}\eta - \sin^2\tfrac{1}{2}\eta\sin^2\tfrac{1}{2}\varsigma = \sin^2\tfrac{1}{2}\eta\cos^2\tfrac{1}{2}\varsigma$$

[118] ist. Und damit erhielt ich

$$\sin^2\tfrac{1}{2}\zeta = \sin^2\tfrac{1}{2}\varsigma\cos^2\tfrac{1}{2}\eta + \sin^2\tfrac{1}{2}\eta\cos^2\tfrac{1}{2}\varsigma$$
$$- \tfrac{1}{2}\sin\varsigma\sin\eta\cos\lambda.$$

§ 18.

Diese Gleichung schien sich nun von der gesuchten Aehnlichkeit wiederum mehr zu entfernen, weil hier die Bögen ς, η so viel, und mehr als anfangs, in allen drey Gliedern verwickelt sind. Indessen, um sie mehr zur Gleichartigkeit zu bringen, so setzte ich in dem letzten Gliede

$$\sin\varsigma = 2\sin\tfrac{1}{2}\varsigma\cos\tfrac{1}{2}\varsigma,$$
$$\sin\eta = 2\sin\tfrac{1}{2}\eta\cos\tfrac{1}{2}\eta.$$

Und damit erhielt ich

$$\sin^2 \tfrac{1}{2}\zeta = \sin^2 \tfrac{1}{2}\xi \cos^2 \tfrac{1}{2}\eta + \sin^2 \tfrac{1}{2}\eta \cos^2 \tfrac{1}{2}\xi$$
$$- 2 \sin \tfrac{1}{2}\xi \cos \tfrac{1}{2}\xi \sin \tfrac{1}{2}\eta \cos \tfrac{1}{2}\eta \cos \lambda.$$

Hier blieb nun, um die Verwickelung aufzuheben, kein ander Mittel, als dass die ganze Gleichung durch

$$\cos^2 \tfrac{1}{2}\xi \cos^2 \tfrac{1}{2}\eta$$

getheilt würde, und dieses gieng glücklich von statten, weil sich die Gleichung in

$$\frac{\sin^2 \tfrac{1}{2}\zeta}{\cos^2 \tfrac{1}{2}\xi \cos^2 \tfrac{1}{2}\eta} = \operatorname{tang}^2 \tfrac{1}{2}\xi + \operatorname{tang}^2 \tfrac{1}{2}\eta$$
$$- 2 \operatorname{tang} \tfrac{1}{2}\xi \operatorname{tang} \tfrac{1}{2}\eta \cos \lambda.$$

verwandelte, und daher mit

$$z^2 = x^2 + y^2 - 2xy \cos \lambda$$

verglichen werden konnte.

[119] § 19.

Ich erhielt demnach

$$x = \operatorname{tang} \tfrac{1}{2}\xi,$$
$$y = \operatorname{tang} \tfrac{1}{2}\eta,$$
$$z = \frac{\sin \tfrac{1}{2}\zeta}{\cos \tfrac{1}{2}\xi \cos \tfrac{1}{2}\eta} = \sin \tfrac{1}{2}\zeta \sec \tfrac{1}{2}\xi \sec \tfrac{1}{2}\eta.$$

Damit waren also x, y ähnliche Functionen von ξ, η. Hingegen war z keine Function von ζ allein, sondern von ζ, ξ, η zugleich. Indessen hat sie doch den Vortheil, dass sie von dem Winkel λ unabhängig ist, und so lange nur dieser Winkel sich verändert, kann der Theiler $\cos \tfrac{1}{2}\xi \cos \tfrac{1}{2}\eta$ als ein Coefficient von beständiger Grösse angesehen werden. Endlich hängt z von ξ genau auf eben die Art, wie von η, ab.

§ 20.

Es ist aber $2 \sin \tfrac{1}{2}\zeta$ die Chorde des Bogens AB, demnach die Chorde der Distanz beyder Oerter A, B. Wenn also nur λ veränderlich ist, so wächst z in Verhältniss dieser Chorde. Diese Betrachtung macht es nun möglich, das Verhältniss zwischen z und der Chorde leicht zu bestimmen.

Anmerkg. u. Zusätze z. Entwerf. d. Land- u. Himmelschart. 13

§ 21.

Denn man setze den Winkel $\lambda = 0$, so wird $\zeta = \xi - \eta_{,}$. Da nun ξ, η gegeben sind, so ist auch die Chorde von $\xi - \eta_{,}$ gegeben, und kann mit $z = x - y = $ tang $\frac{1}{2}\xi - $ tang $\frac{1}{2}\eta_{,}$ leicht verglichen werden.

[120] §. 22.

Eben diese Vergleichung geht an, wenn man $\lambda = 180^0$ setzt. Denn da wird
$$\zeta = \xi + \eta,$$
$$z = x + y = \text{tang } \tfrac{1}{2}\xi + \text{tang } \tfrac{1}{2}\eta_{,},$$
und z ist hier in Verhältniss von der Chorde von $(\xi + \eta_{,})$.

§ 23.

Wir haben demnach zwischen beyden Figuren die Vergleichung
$$(x - y) : \text{chord. } (\xi - \eta_{,}) = z : \text{chord. } \zeta,$$
oder auch
$$(x + y) : \text{chord. } (\xi + \eta_{,}) = z : \text{chord. } \zeta.$$

§ 24.

Wenn man demnach auf dem Proportionalcircul eine Chordenlinie hat, so kann man die Distanz x auf eine von diesen beyden Arten finden. 1. Man trägt die Distanz $x - y$ auf die Grade $\xi - \eta_{,}$, um dem Proportionalcircul die Oeffnung zu geben. Sodann trägt man die Distanz z auf, um die Grade von ζ zu finden. Oder 2. man erhält eben die Oeffnung des Proportionalcirculs, wenn man die Distanz $x + y$ auf die Grade $\xi + \eta_{,}$ trägt. Dieses letztere ist zuverlässiger, weil $x - y$ oft sehr klein ist, und zuweilen vollends $= 0$ seyn kann.

§ 25.

Da bey dieser Berechnung die Winkel bey P, p ihre Grösse behalten, und die Distanzen
$$x = \text{tang } \tfrac{1}{2}\xi,$$
$$y = \text{tang } \tfrac{1}{2}\eta$$

[121] gemacht werden, so ist die Verzeichnung der Landcharte stereographisch, und um desto schicklicher, weil man bereits viele nach derselben gezeichnete Planisphärien sowohl der Erd- als der Himmelskugel hat, wo der Mittelpunct der Pol ist. Es gehört demnach mit unter die vielen schönen Eigenschaften dieser Projectionsart, dass die Distanzen vermittelst der Chordenlinien eines Proportionalcirculs so leicht können gefunden werden, als immer, vermittelst desselben, Linien oder Chorden proportionirt werden können.

§ 26.

Es seyn in der dritten Figur, die ein solches Planisphärium vorstellt, p der Pol, und a, b die zwey Oerter, deren Distanz gesucht wird. Der Parallelkreis von b geht durch

Fig. 3.

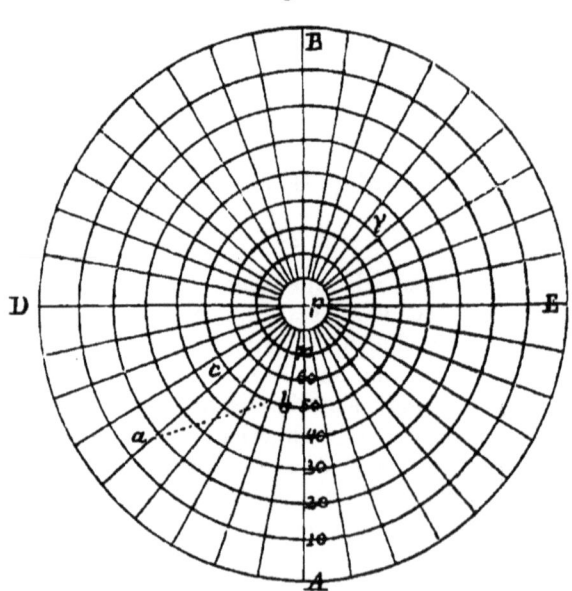

c, γ, und es findet sich $ac = 30^\circ$, und $a\gamma = 110^\circ$. Demnach wird auf den Chordenlinien des Proportionalcirculs ac auf den 30sten Grad, oder $a\gamma$ auf den 110ten Grad getragen, um demselben seine Oeffnung zu geben. Sodann trägt man

Anmerkg. u. Zusätze z. Entwerf. d. Land- u. Himmelschart. 15

ab auf, und findet $39^1/_4$ Grad für die Distanz der beyden Oerter a, b.

§ 27.

Es sey bey eben der Projectionsart der eine Ort Q und die Oerter $A, B, C, D, \ldots, M$ liegen auf einem gleichen

Fig. 4.

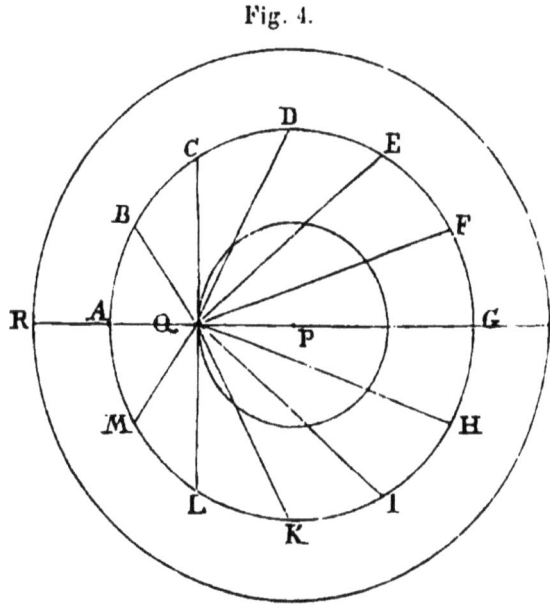

Parallelkreise, so sind die Linien $QA, QB, QC, \ldots, QM$ den Chorden der Distanzen der Oerter $A, B, C, \ldots, M$ von dem Orte Q proportional. (§ 20.)

§ 28.

Sind nun die Oerter oder Puncte $A, B, C, \ldots, M$ auf dem Kreise herum gleich vertheilt, so ist dieses der Fall des berühmten *Cotesischen* Lehrsatzes. Nemlich die Linien QA, $QB, QC, \ldots, QM$ sind die Factoren des Binomialausdruckes

$$a^m \pm b^m.$$

Da nun diese Linien in Verhältniss der Chorden der Distanzen der Oerter $A, B, C, \ldots, M$ von Q sind, so sieht man, dass der *Cotesische* Lehrsatz mit geringer Veränderung bey der Kugelfläche anwendbar ist, wo der Punct Q nicht in der Fläche des Circuls liegt, in welchem die Oerter oder Puncte A, B, C, ..., M gleich vertheilt herum liegen. Doch dieses sey hier nur im Vorbeygehen angemerkt.

§ 29.

Stellt nun PQ den Abstand des Pols vom Zenith, und der Circul $ADGK$ den Parallelkreis der Sonne oder eines Sternes vor, so sind die Linien QA, QB, QC, ..., QM den Chorden des Abstandes der Sonne oder des Sternes vom Zenith proportional. Man setze z. E. die Abweichung der Sonne RA sey $20°$, die Polhöhe $RQ = 50°$, so ist der Abstand des Parallelkreises vom Zenith $AQ = 30°$, und auf der nördlichen Seite $QG = 110°$. Wird demnach auf den Chordenlinien des Proportionalcirculs die Distanz AQ auf den 30ten, oder QG auf [123] den 110ten Grad getragen, so hat das Instrument seine gehörige Oeffnung, und, wenn man für jede beliebige Stunde die Distanzen QB, QC, ..., QF aufträgt, so wird man auf eine sehr leichte Art finden, wie viel die Sonne oder der Stern jede Stunde vom Zenith entfernt ist. Und daraus ergiebt sich die Höhe der Sonne oder des Sternes über dem Horizont durch ein blosses Abziehen von 90 Graden.

§ 30.

Wenn man keinen Proportionalcircul bey der Hand hat, so muss man sich gefallen lassen, einen Circul zu beschreiben, auf welchem im erstgegebenen Beyspiele AQ eine Chorde von $30°$ oder QG eine Chorde von $110°$ sey, und diesen Circul in Grade eintheilen.

§ 31.

Oder man zeichnet sich einen Maassstab, auf welchem AQ der Sinus von halb $30°$ oder $15°$, oder QG der Sinus von halb $110°$ oder $55°$ sey, so werden die Linien QB, QC, QD, ..., QF auf diesem Maassstabe die Sinus der halben Distanzen der Sonne oder des Sternes vom Zenith angeben, welche sodann in den Sinustafeln aufgesucht und leicht verdoppelt werden können. Dieses Verfahren ist etwas mühsamer, als der Gebrauch des Proportionalcirculs. Es ist aber viel genauer, weil die Chordenlinien auf den Proportionalcirculn selten weiter, als in ganze Grade eingetheilt sind.

[124] § 32.

Nachdem ich diese Sätze aus den analytischen Formeln herausgebracht, so hat mich die Betrachtung, dass sie so sehr einfach sind, veranlasst, zu sehen, ob die Sache sich nicht eben so leicht synthetisch erweisen lasse. Zu diesem Ende entwarf ich mir in der fünften Figur die Kugel orthographisch, so dass ich den Augenpunct zwischen dem Pol und dem Aequator annahm. Es stellt daher $DABa$ die Fläche des Aequators vor. P ist der Pol, so auf der vordern Seite der Kugel liegt, p der Pol auf der hintern Seite. $FPfp$, $EPep$ sind zween Mittagskreise, M, N zwey Oerter auf denselben, NR der durch N gehende Parallelkreis des Aequators. Nun sollen die Puncte M, N, R auf der Fläche des Aequators als stereographisch entworfen vorgestellt werden. Zu diesem Ende zog ich CE, CF, und so stellen diese Linien die Projection der Mittagskreise PEp, PFp vor. Ferner zog ich pM, pN, pR, und dieses gab die Puncte m, n, r, welche demnach die stereographische Entwerfung der Puncte M, N, R vorstellen. Nun ist zu beweisen, dass

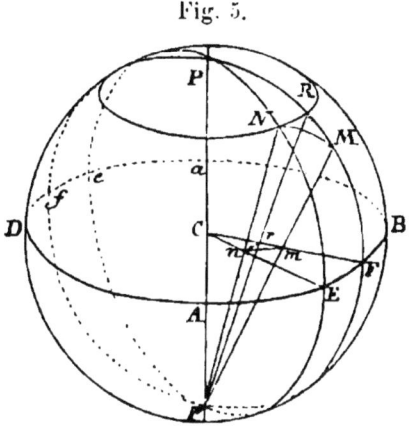

Fig. 5.

$$nm : rm = \text{chord. } NM : \text{chord. } RM$$

ist.

§ 33.

Zu diesem Beweise werde ich einen bereits von *Pappus* angegebenen Lehrsatz gebrauchen. Es seyen (s. Fig. 6, S. 18) in dem Circul PEp die beyden Diameter [125] Pp, CE senkrecht. Man ziehe pE, und aus p eine beliebige Chorde pN, so ist

$$pP : pN = pn : pC.$$

Dieses folgt aus der Aehnlichkeit der beyden rechtwinklichten Triangel pCn, pNP ohne Mühe. Es ist demnach

Fig. 6.

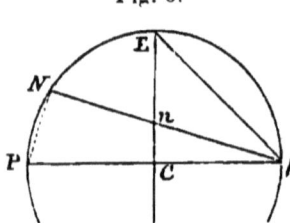

$$pN \cdot pn = pP \cdot pC = pE^2.$$

Das will sagen: das Product von pN und pn ist von beständiger Grösse, so viel man auch immer den Winkel PpN abändert.

§ 34.

Diesem Lehrsatze zufolge haben wir demnach in der fünften Figur

$$pm \cdot pM = pr \cdot pR = pn \cdot pN,$$

daher auch

$$pm : pr = pR : pM.$$

Da nun dieses die Triangel pmr, pRM ähnlich macht, weil sie den Winkel RpM gemeinsam haben, so ist auch

$$pm : mr = pR : RM.$$

§ 35.

Ferner, da die Puncte N, R in gleichem Parallelkreise liegen, so ist

$$pN = pR,$$
$$pn = pr.$$

Es verwandelt sich hiedurch die erst gefundene Analogie

$$pm : pr = pR : pM$$

in folgende:

$$pm : pn = pN : pM.$$

Dadurch aber sind auch die Triangel pnm, pMN, wegen des gemeinsamen Winkels in p, einander ähnlich, und es ist ebenfalls

$$pm : mn = pN : NM,$$

demnach

$$pm : mn = pR : NM.$$

Da nun auch

$$pm : mr = pR : RM$$

Anmerkg. u. Zusätze z. Entwerf. d. Land- u. Himmelschart. 19

gefunden worden, so wird aus diesen beyden Analogien
$$pm : pR = mn : NM = mr : RM,$$
folglich
$$mn : mr = NM : RM.$$
Und dieses war zu beweisen.

§ 36.

Bey Entwerfung kleinerer Stücke der Erdfläche, z. E. einzelner Länder, hat *Hase* ebenfalls seine stereographische Horizontalprojection gebraucht, und dadurch den Vortheil zu erhalten gesucht, dass die Entfernungen der Oerter mittelst eines ganz einfachen Meilenmaasses genauer, als bey andern Entwerfungsarten gemessen werden könnten. Nun ist bey der Horizontalprojection das Auge im Nadir des Mittelpuncts p der Charte (Fig. 2, S. 9). Und da (§ 19)

[127] so ist
$$z = \frac{\sin \tfrac{1}{2}\zeta}{\cos \tfrac{1}{2}\xi \cos \tfrac{1}{2}\eta},$$

demnach
$$\sin \tfrac{1}{2}\zeta = z \cos \tfrac{1}{2}\xi \cos \tfrac{1}{2}\eta,$$

$$\tfrac{1}{2}\zeta = z \cos \tfrac{1}{2}\xi \cos \tfrac{1}{2}\eta + \tfrac{1}{6}z^3 \cos^3 \tfrac{1}{2}\xi \cos^3 \tfrac{1}{2}\eta + \text{etc.}$$
$$= z \cos \tfrac{1}{2}\xi \cos \tfrac{1}{2}\eta (1 + \tfrac{1}{6}z^2 \cos^2 \tfrac{1}{2}\xi \cos^2 \tfrac{1}{2}\eta + \text{etc.}).$$

Oder da
$$\cos \tfrac{1}{2}\xi = 1 - 2 \sin^2 \tfrac{1}{4}\xi,$$
$$\cos \tfrac{1}{2}\eta = 1 - 2 \sin^2 \tfrac{1}{4}\eta,$$
so ist
$$\tfrac{1}{2}\zeta = z (1 - 2 \sin^2 \tfrac{1}{4}\xi)(1 - 2 \sin^2 \tfrac{1}{4}\eta)$$
$$[1 + \tfrac{1}{6}z^2 (1 - 2 \sin^2 \tfrac{1}{4}\xi)^2 (1 - 2 \sin^2 \tfrac{1}{4}\eta)^2 + \text{etc.}]$$

oder, wenn wir die vierten und höhern Dignitäten weglassen,
$$\tfrac{1}{2}\zeta = z(1 - 2 \sin^2 \tfrac{1}{4}\xi - 2 \sin^2 \tfrac{1}{4}\eta + \tfrac{1}{6}z^2 + \text{etc.}).$$

§ 37.

Diese Formel giebt demnach an, wie der Fehler der einfachen Meilenmaasse anfängt merklich zu werden, wenn ξ, η von mehreren Graden genommen werden. Der Fehler hängt von ξ und η auf einerley Art ab, und wird am grössten, wenn man solche Oerter auf der Charte nimmt, die von dem Mittelpunct am meisten entfernt sind. In dieser Absicht können wir der Ordnung nach für $\xi = \eta$ 5, 10, 15, 20 Grade setzen. Es hängt aber auch der Fehler von z^2 ab, und wird, wenn z grösser wird, vermindert. Nun kann für einerley Werth von ξ, η die Distanz z von 0 an bis auf $\tang \frac{1}{2}\xi + \tang \frac{1}{2}\eta$ [128] wachsen, wenn der Winkel λ von 0 bis auf 180 Grad zunimmt.

§ 38.

Um also diese äusserste Grenze beyzubehalten, wollen wir

$$z = n\,(\tang \tfrac{1}{2}\xi + \tang \tfrac{1}{2}\eta)$$

setzen. Dieses giebt für $\xi = \eta$

$$z = 2n\,\tang \tfrac{1}{2}\xi.$$

Und damit haben wir der Ordnung nach

$\xi = 5°\ \tfrac{1}{2}\xi = 0{,}0873219\,n\,(1 - 0{,}0019036 + 0{,}0012708\,n^2)$
$ = 10° \phantom{\tfrac{1}{2}\xi} = 0{,}1749773\,n\,(1 - 0{,}0076106 + 0{,}0051028\,n^2)$
$ = 15°| \phantom{\tfrac{1}{2}\xi} = 0{,}2633050\,n\,(1 - 0{,}0171103 + 0{,}0115549\,n^2)$
$ = 20°, \phantom{\tfrac{1}{2}\xi} = 0{,}3526540\,n\,(1 - 0{,}0303845 + 0{,}0207275\,n^2)$
etc. \qquad\qquad etc.

§ 39.

Die in ( ) eingeschlossenen Coefficienten bestimmen den Fehler in Vergleichung mit der ganzen Distanz, weil sie angeben, um den wievielten Theil die Distanz muss vermindert werden. Sie hängen von n^2 ab, und werden, wenn $n = 1$, ungefehr um $\tfrac{2}{3}$ vermindert. Wenn $\xi = \eta = 20°$ ist, so ist der Fehler höchstens eine Meile auf 30, zum wenigsten aber eine Meile auf 100.

§ 40.

Will man hingegen den absoluten Fehler bestimmen, so müssen die Formeln ganz genommen werden. Und da findet sich ein maximum, [129] wenn $n = \sqrt{\tfrac{1}{2}}$, demnach der Winkel $\lambda = 90°$ ist. Für diesen Fall findet sich

Anmerkg. u. Zusätze z. Entwurf. d. Land- u. Himmelschart. 21

$$\xi = \iota_{\prime} = 5° \quad \tfrac{1}{2}\tfrac{..}{.} = 0,0617459 - 0,0000783$$
$$= 10° \quad\quad = 0,1237277 - 0,0006271$$
$$= 15° \quad\quad = 0,1861817 - 0,0021099$$
$$= 20° \quad\quad = 0,2193610 \quad 0,0019922$$

oder in Graden, Minuten, Secunden

$$\xi = \iota_{\prime} = 5° \quad \tfrac{1}{2}\tfrac{..}{.} = 3° \ 32' \ 16'' - 0' \ 16''$$
$$= 10° \quad\quad = 7 \ \ 5 \ \ 21 - 2 \ \ 9$$
$$= 15° \quad\quad = 10 \ 40 \ \ 3 - 7 \ 15$$
$$= 20° \quad\quad = 14 \ 17 \ 15 - 17 \ 10$$

Man sieht hieraus, dass, wenn man keine Minute fehlen will, man ξ und η nicht über $5°$ annehmen müsse, und folglich die Charte nicht über $10°$ Breite fassen kann.

§ 41.

Uebrigens sind die Fehler, wegen der weggelassenen kleinern Glieder, hier um etwas zu klein angegeben § 36. Will man sie aber genau bestimmen, so findet sich für den Fall, wo $\lambda = 90°$ und $\xi = \iota_{\prime}$ ist, die Formel

Und diese giebt
$$\cos \tfrac{..}{.} = \cos^2 \xi.$$

$$\xi = \iota_{\prime} = 5° \quad \tfrac{1}{2}\tfrac{..}{.} = 3° \ 32' \ \ 0'' \quad z - \tfrac{1}{2}\tfrac{..}{.} = 0' \ 16''$$
$$= 10° \quad\quad = 7 \ \ 3 \ \ 11 \quad\quad\quad - 2 \ 10$$
$$= 15° \quad\quad = 10 \ 32 \ 43 \quad\quad\quad = 7 \ 20$$
$$= 20° \quad\quad = 13 \ 59 \ 43 \quad\quad\quad = 17 \ 32$$

II. Distanz der Oerter auf der Centralprojection.

§ 42.

Bey der Centralprojection wird, wie bereits oben § 5) erwähnt worden, das Auge in den Mittelpunct der Kugel gesetzt. Das Auge sieht demnach alle Puncte der Kugelfläche in ihrer wahren Lage. Diese Lage wird nun durch die Projection allerdings verändert. Die grössten Circul der Sphäre erscheinen als gerade Linien, und statt der Winkel kommen ihre Tangenten vor.

§ 43.

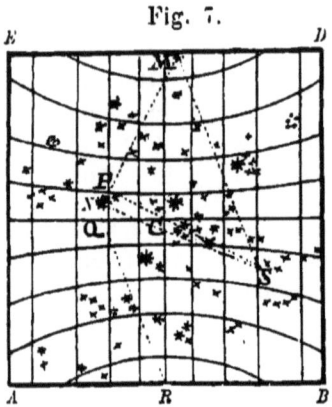

Fig. 7.

Man setze demnach, der Punct C sey derjenige, wo die Tafel die Kugel berührt, und der Halbmesser der Kugel sey $= CR$. Vollendet man das Quadrat $ARBDE$ also, dass $AR = RB = CR$, und CR auf AB rechtwinklicht sey, so lässt sich auf demselben der 6te Theil der Kugel entwerfen, weil dieses Quadrat eine Seite des um die Kugel beschriebenen Cubus vorstellt. So sehen auch die oben (§ 7) erwähnten sechs *Doppelmayer*'schen Platten aus, worauf er die sämmtlichen Sternbilder gezeichnet hat.

§ 44.

Es seyen nun M, N zween Sterne (oder, wenn man die Erdfläche entwirft, zwey Oerter). [131] Durch diese ziehe man eine gerade Linie MN, so stellt dieselbe den durch die beyden Sterne oder Oerter M, N gehenden grössten Circul der Sphäre vor. Um nun die Distanz dieser beyden Puncte M, N zu finden, so braucht es weiter nichts, als dass man den Winkel bestimme, den diese beyden Puncte im Mittelpuncte der Sphäre oder des Cubus bilden. Zu diesem Ende ziehe man durch C die Linie PCS auf MN senkrecht, so muss erstlich die Entfernung des Auges von dem Punct P gefunden werden. Man trage CP aus C in Q, so wird RQ diese Distanz seyn, weil CR die Distanz des Auges von der Tafel ist, und die aus dem Auge nach C gezogene Linie mit CP in C einen rechten Winkel macht, welcher hier durch QCR vorgestellt wird. Man trage ferner QR aus P in S; so ist S der Punct, in welchem die Linien NS, MS gezogen werden müssen, und man wird den Winkel NSM haben, welcher von den Sternen M, N im Auge oder im Mittelpunct der Sphäre oder des Cubus gebildet wird. Dieser Winkel gemessen giebt die Distanz der Sterne MN in Graden, Minuten etc. an. Auf diese Art können demnach auf den sechs

[132]
III. Construction zu Bestimmung der Distanzen.

§ 45.

Bey der orthographischen Projection lassen sich die Distanzen der Oerter durch eine leichte Construction bestimmen, die sich aus dem oben (§ 3) gesagten von selbst darbietet. Man findet sie auch beym *Varenius*, der sie aus dem *Maurolycus*, als ihrem ersten Erfinder, anführt. Da sie keine Schwierigkeit hat, so werde ich mich nicht länger dabey aufhalten, sondern zu der Formel (§ 18)

$$\sin^2 \tfrac{1}{2}\zeta = \sin^2 \tfrac{1}{2}\xi \cos^2 \tfrac{1}{2}\eta + \cos^2 \tfrac{1}{2}\xi \sin^2 \tfrac{1}{2}\iota$$
$$- 2 \sin \tfrac{1}{2}\xi \cos \tfrac{1}{2}\eta \cos \tfrac{1}{2}\xi \sin \tfrac{1}{2}\iota \cos \lambda$$

zurücke kehren, und aus derselben eine andere Construction herleiten.

§ 46.

Zu diesem Ende nehme man diese Formel vierfach:

$$(2 \sin \tfrac{1}{2}\zeta)^2 = (2 \sin \tfrac{1}{2}\xi \cos \tfrac{1}{2}\eta)^2 + (2 \cos \tfrac{1}{2}\xi \sin \tfrac{1}{2}\iota)^2$$
$$- 8 \sin \tfrac{1}{2}\xi \cos \tfrac{1}{2}\eta \cos \tfrac{1}{2}\xi \sin \tfrac{1}{2}\iota \cos \lambda.$$

Da nun

$$2 \sin \tfrac{1}{2}\xi \cos \tfrac{1}{2}\eta = \sin \frac{\xi + \eta}{2} + \sin \frac{\xi - \eta}{2},$$

$$2 \cos \tfrac{1}{2}\xi \sin \tfrac{1}{2}\iota = \sin \frac{\xi + \iota}{2} - \sin \frac{\xi - \iota}{2},$$

$$2 \sin \tfrac{1}{2}\zeta = \text{chord. } \zeta$$

[133] ist, so erhalten wir

$$(\text{chord. }\zeta)^2 = \left[\sin \frac{\xi + \eta}{2} + \sin \frac{\xi - \eta}{2}\right]^2$$
$$+ \left[\sin \frac{\xi + \iota}{2} - \sin \frac{\xi - \iota}{2}\right]^2$$
$$- 2 \left[\sin \frac{\xi + \iota}{2} + \sin \frac{\xi - \iota}{2}\right] \cdot \left[\sin \frac{\xi + \iota}{2} - \sin \frac{\xi - \iota}{2}\right] \cdot \cos \lambda.$$

Diese Formel kann nun eben so wie (§ 18) mit
$$z^2 = x^2 + y^2 - 2xy \cos \lambda$$
verglichen werden. Es ist demnach

$$x = \sin \frac{\xi + \eta}{2} + \sin \frac{\xi - \eta}{2},$$

$$y = \sin \frac{\xi + \eta}{2} - \sin \frac{\xi - \eta}{2},$$

$$z = \text{chord. } \zeta.$$

Die ganze Sache kömmt demnach auf die Sinus der halben Summe und halben Differenz der Aequatorshöhen an. Man kann sie nach einem beliebigen Maassstabe aus den Tafeln nehmen, und die zweyte Figur (S. 9) damit construiren, so wird die Seite z auf eben dem Maassstabe die Chorde der Distanz beyder Oerter angeben.

[134]

IV. Allgemeinere Methode, die Kugelfläche so zu entwerfen, dass alle Winkel ihre Grösse behalten.

§ 47.

Die stereographische Entwerfung der Kugelfläche, so wie *Mercators* Seecharten, haben das besonders, dass dabey alle Winkel ihre Grösse behalten, die sie auf der Kugelfläche haben. Dieses giebt die grösste mögliche Aehnlichkeit, die eine ebene Figur mit einer auf der Kugelfläche verzeichneten haben kann. Die Frage blieb aber noch zurücke, ob diese Eigenschaft bey bemeldten zwo Entwerfungsarten allein vorkomme, oder ob nicht diese Entwerfungsarten, so sehr sie auch verschieden zu seyn scheinen, durch mehrere Mittelstufen an einander grenzen? *Mercator* stellt die Mittagskreise durch Parallellinien vor, welche den Aequator senkrecht durchschneiden, und nach den Logarithmen der Cotangenten der halben Aequatorshöhe eingetheilt werden. Der Aequator selbst wird in 360 gleiche Theile, als so viele Grade getheilt. Bey dieser Entwerfungsart ist also der Winkel, unter dem die Mittagskreise sich durchschneiden sollten, $= 0$, weil dieselben gleichlaufend sind. Hingegen bey der stereographischen Entwerfung, welche aus dem Pol geschieht, durchschneiden sich die ebenfalls geradlinichten Mittagskreise unter ihren wahren Winkeln (s. Fig. 3, S. 11). [135] Wenn es demnach zwischen beyden Entwerfungsarten Mittelstufen geben soll, so müssen diese darin gesucht werden, dass man die Winkel, unter welchen die Mittagskreise sich schneiden sollen, in beliebigem Verhältniss grösser oder kleiner macht, als die, unter denen sie sich auf der Kugelfläche durchschneiden. Dieses ist nun der Weg, den ich hier einschlagen werde.

§ 48.

Es sey demnach P der Pol; PM, $P\mu$ zween Mittagskreise, und der Winkel $MP\mu$ unendlich klein. Der Punct M sey für die Aequatorshöhe ε, der Punct N für die Aequatorshöhe $\varepsilon + d\varepsilon$. Den Winkel $MP\mu$ setze man $= m\,d\lambda$, wo $d\lambda$ den Unterschied der Länge, m aber das Verhältniss vorstellt, in welchem der Winkel $MP\mu$ grösser oder kleiner ist als der wahre. Nun ist die Bedingung, dass

Fig. 8.

$$\mu M : MN = d\lambda.\,\sin \varepsilon : d\varepsilon$$

seyn soll, damit das Trapez $\mu MN\nu$ demjenigen auf der Kugelfläche, so dadurch vorgestellt wird, ähnlich werde. Setzt man demnach

$$PM = x,$$
$$MN = dx,$$

so ist
$$M\mu = xm\,d\lambda,$$

demnach
$$mx\,d\lambda : dx = d\lambda.\,\sin \varepsilon : d\varepsilon.$$

[136] Hieraus folgt

$$\frac{dx}{x} = \frac{m\,d\varepsilon}{\sin \varepsilon}$$

und
$$\log x = m \log \tang \tfrac{1}{2} \varepsilon.$$

Die beständige Grösse kann hier wegbleiben, und so wird $x = 1$, wenn $\varepsilon = 90^\circ$ wird, was auch immer m für einen Werth haben mag. Demnach ist $x = \left(\tang \tfrac{1}{2}\varepsilon\right)^m$.

§ 49.

Setzt man nun $m = 1$, so erhält man

$$x = \tang \tfrac{1}{2}\varepsilon,$$

so wie es bey der stereographischen Entwerfung statt hat.

§ 50.

Bey *Mercators* Seecharten ist $m = 0$. Hieraus würde nur $x = 1$ folgen. Wir können aber $\varepsilon = 90° - p$ setzen, und damit wird

$$x = \tang^m (45 - \tfrac{1}{2}p)$$
$$= \left(\frac{1 - \tang \tfrac{1}{2}p}{1 + \tang \tfrac{1}{2}p}\right)^m,$$

welches

$$x = (1 - m \tang \tfrac{1}{2}p + m \frac{m-1}{2} \tang^2 \tfrac{1}{2}p - \text{etc.})$$
$$\times (1 - m \tang \tfrac{1}{2}p + m \frac{m+1}{2} \tang^2 \tfrac{1}{2}p - \text{etc.}),$$

demnach für $m = 0$

$$\frac{1-x}{2m} = \tang \tfrac{1}{2}p + \tfrac{1}{3} \tang^3 \tfrac{1}{2}p + \tfrac{1}{5} \tang^5 \tfrac{1}{2}p + \tfrac{1}{7} \tang^7 \tfrac{1}{2}p + \text{etc.}$$
$$= \tfrac{1}{2} \log \cotg \tfrac{1}{2}\varepsilon$$

giebt. Hier stellt nun $\dfrac{1-x}{m}$ die Grade vom Aequator an gerechnet vor, und diese wachsen in Verhältniss von $\log \cot \tfrac{1}{2}\varepsilon$.

§ 51.

Da man aber in der allgemeinen Formel

$$x = (\tang \tfrac{1}{2}\varepsilon)^m$$

die Wahl hat, den Werth von m nach Belieben zu bestimmen, so wollen wir noch eine Bedingung mitnehmen. Es soll also in dem Trapez $\mu M N \nu$ (Fig. 8) nicht nur μM, sondern auch νN zu $M N$ das Verhältniss haben, das bey der Kugelfläche wirklich statt hat. Und da dieses nicht für jede Pol- oder

Aequatorshöhe zugleich angeht, so soll es für eine bestimmte Aequatorshöhe E statt finden. Nun ist

$$Nv = md\lambda\,(x + dx),$$

und eben dieser Bogen auf der Kugelfläche ist

$$d\lambda\,\sin(\varepsilon + d\varepsilon) = d\lambda\,(\sin\varepsilon + \cos\varepsilon\,d\varepsilon).$$

Dieses giebt demnach

$$d\varepsilon : dx = d\lambda\,(\sin\varepsilon + \cos\varepsilon\,d\varepsilon) : md\lambda\,(x + dx).$$

Hieraus folgt

$$d\varepsilon \cdot m\,(x + dx) = dx\,\sin\varepsilon + dx\,\cos\varepsilon\,d\varepsilon,$$

$$\frac{mx}{dx} + m = \frac{\sin\varepsilon}{d\varepsilon} + \cos\varepsilon.$$

[138] Es ist aber (§ 48)

$$\frac{mx}{dx} = \frac{\sin\varepsilon}{d\varepsilon},$$

demnach

$$\frac{\sin\varepsilon}{d\varepsilon} + m = \frac{\sin\varepsilon}{d\varepsilon} + \cos\varepsilon,$$

welches

$$m = \cos\varepsilon,$$

und also für die bestimmte Aequatorshöhe E

$$m = \cos E$$

giebt. Und damit ist die Formel

$$x = (\tang\tfrac{1}{2}\varepsilon)^{\cos E}$$

so beschaffen, dass nach derselben für die Aequatorshöhe E das Trapez μMNv dem sphärischen, so es vorstellt, durchaus ähnlich ist. Es ist nemlich nicht nur μM zu MN, sondern auch zu Nv in dem Verhältniss, das diese Linien auf Kugelfläche haben.

§ 52.

Ungeachtet nun dies durchgängig genaue Verhältniss nur für die Aequatorshöhe $= E$ genau statt findet, so weicht es doch vor und nach am allerwenigsten vom wahren ab, das will sagen, die Abweichung ist vor und nach ein minimum. Dieses macht, dass, wenn man z. E. eine Charte von Europa zu verzeichnen hat, man für E die Aequatorshöhe des mittlern Parallels von Europa nimmt. Und so wird E von ohngefehr $40°$ seyn. Wir können aber füglich

$$E = 11° \ 24' \ 35''$$

und damit

$$\cos E = \tfrac{3}{4}$$

setzen. Und so haben wir für eine Charte von Europa die Formel

$$\text{Log } x = \tfrac{3}{4} \text{ Log tang } \tfrac{1}{2} \varepsilon.$$

Diese giebt

ε	x	Diff.
10	0,16 087	0,16 087
20	0,27 211	0,11 124
30	0,37 243	0,10 032
40	0,46 860	0,09 617
50	0,56 429	0,09 569
60	0,66 234	0,09 805
70	0,76 546	0,10 312
80	0,87 672	0,11 126
90	1,00 000	0,12 328

Es ist klar, dass man für Europa die Grade ε nur vom 20ten bis zum 60ten gebraucht. Und da $m = \cos E = \tfrac{3}{4}$ ist, so

Fig. 9.

Anmerkg. u. Zusätze z. Entwerf. d. Land- u. Himmelschart. 29

werden die Grade der Länge um ¼ kleiner genommen, so dass 30 Grad des Circuls eigentlich 40 Grad der Länge geben. Die Zeichnung stellt die 9te Figur vor.

[140] § 53.

Es kann auch m so bestimmt werden, dass die Grade zweener gegebener Parallelkreise ihre wahren Verhältnisse haben. Die beyden Parallelkreise seyn die von den Aequatorshöhen a, b; so muss dieser Bedingung gemäss

$$(\tang \tfrac{1}{2} a)^m : (\tang \tfrac{1}{2} b)^m = \sin a : \sin b$$

seyn. Hieraus folgt

$$m = \frac{\text{Log} \sin a - \text{Log} \sin b}{\text{Log tang } \tfrac{1}{2} a - \text{Log tang } \tfrac{1}{2} b}.$$

§ 54.

Man nehme z. E. für Europa die Aequatorshöhen

$$a = 60°,$$
$$b = 20°,$$

so ist

Log tang ½ a = 9,7 614 391   Log sin a = 9,9 375 306
Log tang ½ b = 9,2 463 188   Log sin b = 9,5 310 517
─────────────   ─────────────
0,5 151 206   0,4 034 789

und damit

$$m = \frac{0{,}4\ 034\ 789}{0{,}5\ 151\ 206} = 0{,}78\ 327.$$

Da nun dieser Werth der Cosinus von 38° 26' ist, so ist hier (§ 54)

$$E = 38° 26'.$$

Nun kann man allerdings auch für E diesen Werth annehmen, und damit erhellet, dass die [141] hier zu Grunde gelegte Bedingung mit der vorhin (§ 54) gebrauchten zugleich bestehen kann. Man kann eben so E zu Grunde legen, und dann für jede Aequatorshöhe a eine andere b bestimmen, so dass bey beyden die Grade der Parallelkreise ihre wahren Verhältnisse haben. So z. E. wenn man, wie vorhin (§ 52),

$$\cos E = \tfrac{3}{4}$$

setzt, und $a = 60°$ annimmt, so findet man $b = 24° 56'$. Denn es ist

$$\begin{array}{ll} \text{Log tang } \tfrac{1}{2}a = 9{,}7\,614\,394 & \text{Log sin } a = 9{,}9\,375\,306 \\ \text{Log tang } \tfrac{1}{2}b = 9{,}3\,445\,580 & \text{Log sin } b = 9{,}6\,248\,629 \\ \hline \phantom{\text{Log tang } \tfrac{1}{2}b =\,} 0{,}4\,168\,814 & \phantom{\text{Log sin } b =\,} 0{,}3\,126\,677 \end{array}$$

demnach

$$m = \frac{0{,}3\,126\,677}{0{,}4\,168\,814} = \tfrac{3}{4}.$$

§ 55.

Wollte man nun $m = 1$ setzen, wie dieses bey der stereographischen Entwerfung statt hat, oder $m = 0$, wie bey *Mercators* Seecharten (§ 49, 50), so würde man in beyden Fällen $a = b$ erhalten. Demnach giebt es bey diesen beyden Entwerfungsarten nicht zween verschiedene Parallelkreise, deren Grade unter sich eben das Verhältniss, wie auf der Kugelfläche hätten, ungeachtet es, so bald m zwischen 0 und 1 fällt, unzählige giebt.

[142] ### § 56.

Wenn man $m < 1$ annimmt, so werden die Grade der Länge in dem Verhältniss von 1 zu m kleiner, demnach gebraucht man nur $m \cdot 360$ Grad des Circuls für die 360 Grade der Länge. So z. E. wenn man, wie vorhin, $m = \tfrac{3}{4}$ setzt, so gebraucht man nur einen Ausschnitt von 270 Gr., um die 360 Grade der Länge vorzustellen. Soll demnach die ganze nördliche oder südliche Halbkugel vorgestellt werden, und der Anfang an das Ende passen, so kann der Ausschnitt von 270 Graden in Form eines Kegels gewölbt werden. Dieses giebt Coniglobia, worauf man schon längst gewohnt ist, die Halbkugeln des Himmels vorzustellen. Hier haben wir demnach eine solche Verfertigung derselben, wo alle Winkel ihre wahre Grösse behalten, und demnach die Sternbilder mit denen am Himmel die grösste mögliche Aehnlichkeit haben. Diesen Vorzug haben die bekannten *Zimmermannschen* Sternkegel nicht. Der Ausschnitt ist dabey von 300 Graden, und der Mittagskreis in 90 gleiche Theile getheilt, dieses macht, dass 10 Grade des Aequators 13 Graden des Mittagskreises gleich sind, und so sind die Längen den Breiten nicht proportional.

§ 57.

Da man bey solchen Sternkegeln ebenfalls die Wahl hat, den Werth von m in der Formel

$$x = (\text{tang } \tfrac{1}{2}\varepsilon)^m$$

[143] besondern Absichten gemäss zu bestimmen, so werden wir setzen, dass die ersten 45° den folgenden gleich seyn sollen, so dass auf dem Sternkegel der 45ste Parallelkreis den Mittagskreis in zween gleiche Theile theile. Dieser Bedingung zufolge wird $x = \tfrac{1}{2}$, wenn $\varepsilon = 45°$, demnach

$$\tfrac{1}{2} = (\text{tang } 22\tfrac{1}{2})^m,$$

$$m = \frac{\text{Log } 2}{\text{Log tang } 67\tfrac{1}{2}°} = \frac{0{,}3\,010\,300}{0{,}3\,827\,757} = 0{,}78613,$$

wofür man, weil es hier auf kleine Unterschiede nicht ankömmt, wegen bequemerer Rechnung $m = \tfrac{4}{5}$ oder auch, wie vorhin, $m = \tfrac{3}{4}$ annehmen kann, je nachdem man den Conus mehr oder weniger flach haben will. Will man denselben so flach, wie die *Zimmermann*schen haben, so muss $m = \tfrac{5}{6}$ genommen werden.

V. Fernere Erweiterung eben derselben Methode.

§ 58.

Wir werden nun den Fall setzen, dass die Mittagskreise Circul seyn sollen, welche sich in beyden Polen durchschneiden. Geschieht dieses so, dass die Durchschnittswinkel in den Polen ihre Grösse behalten, so ist dieses die stereographische Entwerfungsart, nach welcher die meisten Planisphärien der Erdkugel entworfen werden, und die daher schon längst bekannt ist. Die Parallelkreise erscheinen darauf ebenfalls circulär, [144] und durchschneiden die Mittagskreise unter rechten Winkeln, so dass das Verhältniss der Grade der Länge und der Breite durchaus beybehalten wird.

§ 59.

Dieses Umstandes werden wir uns nun so bedienen, dass wir setzen, die Mittagskreise sollen sich in den Polen unter solchen Winkeln schneiden, die in dem Verhältniss von 1 zu m grösser oder kleiner, als die wahren sind. Die Frage ist nun, die Parallelkreise dergestalt zu ziehen, dass die Verhältnisse zwischen den Graden der Länge und Breite, und so auch alle Winkel ihre wahre Grösse behalten.

§ 60.

Hiebey bleiben nun die Parallelkreise vor wie nach circulär, und sie durchschneiden die die Mittagskreise vorstellenden Circul vor wie nach unter rechten Winkeln. Auch werden sie eben so wie bey der stereographischen Entwerfungsart gezogen. Es bleibt also nur, dass man für jeden Parallelkreis den Punct bestimme, durch welchen er gezogen werden muss.

§ 61.

Es seyen demnach P, p die zween Pole, Pp ein Mittagskreis, welcher hier eine gerade Linie ist. Man theile Pp in A in zween gleiche Theile, und ziehe durch A die Linie DAB senkrecht, so wird diese den Aequator vorstellen. Nun sey B [145] der Mittelpunct eines Circulbogens PMp, welcher einen von dem Mittagskreise PAp unendlich wenig entfernten Mittagskreis vorstelle. Der Unterschied der Länge sey $= \lambda$, so muss der Winkel $MPA = m\lambda$ seyn. Man setze $AP = 1$, so ist $MA = \tang \tfrac{1}{2} m\lambda$ oder, weil λ unendlich klein ist,

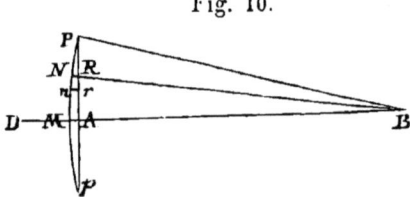

Fig. 10.

$$MA = \tfrac{1}{2} m\lambda.$$

Ferner ist $AB = \cotang m\lambda$, oder ebenfalls, weil λ unendlich klein ist,

$$AB = \frac{1}{m\lambda}.$$

Man setze nun, für den Punct R sey die Aequatorshöhe ε.
Man mache

$$AR = x,$$
$$-Rr = dx,$$

so ist

$$MB = NB = \frac{1}{m\lambda} + \tfrac{1}{2} m\lambda,$$

$$RB = \sqrt{\frac{1}{m^2\lambda^2} + x^2} = \frac{1}{m\lambda} + \tfrac{1}{2} x^2 m\lambda,$$

Anmerkg. u. Zusätze z. Entwerf. d. Land- u. Himmelschart. 33

demnach
$$NR = \tfrac{1}{2}m\lambda\,(1-xx,$$

Nun soll
$$NR : Rr = \lambda \sin \varepsilon : d\varepsilon$$

seyn, damit die Grade der Länge zu den Graden [146] der Breite ihr wahres Verhältniss behalten. Wir haben demnach

$$-\tfrac{1}{2}m\lambda\,(1-xx) : dx = \lambda \sin \varepsilon : d\varepsilon,$$

woraus

folgt. Man setze
$$-\frac{m\,d\varepsilon}{\sin \varepsilon} = \frac{2\,dx}{1-xx}$$

so ist
$$x = \cos \varphi,$$

$$\frac{m\,d\varepsilon}{\sin \varepsilon} = \frac{2\,d\varphi}{\sin \varphi}.$$

welches
$$(\tang \tfrac{1}{2}\varepsilon)^m = \tang^2 \tfrac{1}{2}\varphi$$

giebt, woraus man, weil
$$x = \frac{1-\tang^2 \tfrac{1}{2}\varphi}{1+\tang^2 \tfrac{1}{2}\varphi}$$

ist, den Werth
$$x = \frac{1-(\tang \tfrac{1}{2}\varepsilon)^m}{1+(\tang \tfrac{1}{2}\varepsilon)^m} = 1 - \frac{2}{\cotg^m \tfrac{1}{2}\varepsilon + 1}$$

erhält.

§ 62.

Hiebey hat man nun wiederum die Wahl, den Werth von m nach Belieben zu bestimmen. Was sich aber am natürlichsten darbeut, ist, dass man

$$m = \tfrac{1}{2}$$

setze. Denn bey $m = 0$ verfällt man auf *Mercator*'s [147] Zeichnung der Seecharten. Und bey $m = 1$ kömmt die längst bekannte stereographische Entwerfungsart heraus, wo nur die halbe Kugelfläche auf der mit dem Halbmesser AP beschriebenen Circulfläche vorgestellt wird. Hingegen bey $m = \tfrac{1}{2}$ bringt man die ganze Kugelfläche darauf, weil die Mittagskreise sich in den Polen unter halben Winkeln schneiden, und dadurch die 360 Grado der Länge auf 360 halbe oder 180 ganze Grade herunter gesetzt werden.

§ 63.

Ich habe zu diesem Ende $m = \frac{1}{2}$ gesetzt, und da fand sich für

$\varepsilon = $	$x = $
90°	0,00 000
80°	0,04 383
70°	0,08 888
60°	0,13 648
50°	0,18 844
40°	0,24 746
30°	0,31 783
20°	0,40 856
10°	0,54 346.

Dadurch liessen sich nun die Parallelkreise von 10 zu 10 Graden ziehen, wie sie in der 11ten Figur vorgestellt sind.

Fig. 11.

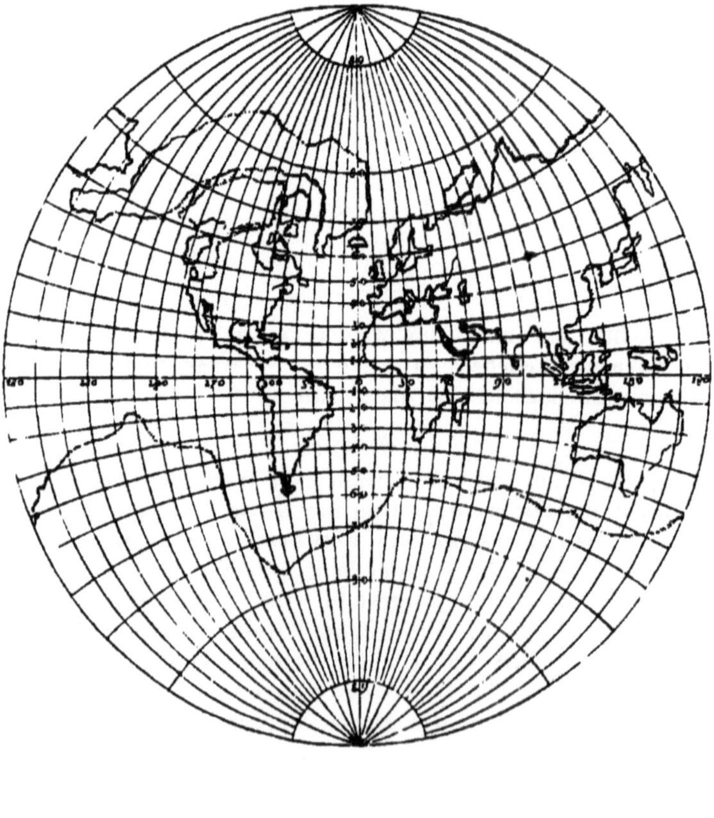

Anmerkg. u. Zusätze z. Entwurf. d. Land- u. Himmelschart.

Sie durchschneiden alle Mittagskreise unter rechten Winkeln, und die Mittagskreise selbst laufen in beyden Polen unter solchen Winkeln zusammen, welche halb so gross als die wahren sind. Endlich haben aller Orten die Grade der Breite zu den Graden der [148] Länge ihr wahres Verhältniss, und alle Winkel behalten ihre wahre Grösse, die zween einzigen Puncte, so die Pole vorstellen, ausgenommen, weil da die Winkel nur die Helfte ihrer Grösse haben.

§ 61.

Es ist noch anzumerken, dass es bey dem Integriren der Formel (§ 61)

$$\frac{m\,d\varepsilon}{\sin\varepsilon} = \frac{2\,d\varphi}{\sin\varphi}$$

willkührlich bliebe, nach Belieben bey dem Integral

$$\tfrac{1}{2}m \log \tang \tfrac{1}{2}\varepsilon = \log \tang \tfrac{1}{2}\varphi + \text{Const.}$$

die beständige Grösse zu bestimmen. Man bestimme sie z. E. überhaupt so, dass $x = 0$ und damit $\varphi = 90°$ werde, wenn $\varepsilon = E$ wird. Dieses wird die allgemeinere Formel

$$x = 1 - \frac{2}{(\tang \tfrac{1}{2}E)^m \cdot (\cotg \tfrac{1}{2}\varepsilon)^m + 1}$$

geben. Und man erhält dadurch, dass die gerade Linie, welche in der 10ten Figur den Aequator vorstellt, einen beliebigen Parallelkreis vorstelle. Dessen ohnerachtet wird man für den Pol, wo $\varepsilon = 0$ ist,

$$x = +1$$

und für den Pol, wo $\varepsilon = 180°$ ist,

$$x = -1$$

[149' und damit die beyden Pole von dem Mittelpunct gleich weit entfernt erhalten. Die Folge davon ist aber nur, dass die Grade der Breite auf beyden Seiten des Aequators einander unähnlich werden, und die Zeichnung weniger regulär ist, als wo man $E = 90°$ und damit $\tang \tfrac{1}{2}E = 1$ setzt, wie es in der Figur geschehen, die etwas ungleich unbedingteres hat.

3*

VI. Allgemeinster Vortrag eben derselben Methode.

§ 65.

Wenn es die Frage ist, die Kugelfläche überhaupt so zu entwerfen, dass die Mittagskreise von den Parallelkreisen durchaus unter rechten Winkeln durchschnitten werden, die Grade der Breite zu den Graden der Länge aller Orten ihr wahres Verhältniss, und damit auch alle Winkel ihre Grösse behalten, so machen die bisher betrachteten Fälle nur einen geringen Theil von allen möglichen hieher gehörigen Fällen aus, da diese Kreise nicht blos durch gerade Linien und Circulbögen, sondern durch unzählige Arten von krummen Linien mit Beybehaltung ersterwähnter Bedingnisse vorgestellt werden können. Die Aufgabe, in dieser völligen Allgemeinheit vorgetragen, ist, wo nicht schwerer, doch wenigstens auch nicht leichter, als die von den Traiectoriis reciprocis, und mit derselben in [150] einer sehr engen Verbindung, weil unter diesen Traiectoriis auch wirklich mehrere Arten vorkommen, die der hier aufzulösenden Aufgabe Genüge leisten.

§ 66.

Eine allgemeine Auflösung dieser Aufgabe, dafern man nicht bey Differentialformeln und Quadraturen oder allgemeinen Benennungen von Functionen stehen bleiben will, scheint nicht wol zu erwarten zu seyn, da sichs leicht voraussehen lässt, dass sie sich auf unzählige und mit einander kaum etwas gemein habende krumme Linien ausdehnen muss. Ich habe mich daher sogleich, da ich die zu Grunde liegenden Differentialformeln gefunden, zu den unendlichen Reihen gewendet, und würde es gethan haben, wenn auch zu völliger und allgemeiner Integrirung der Differentialformeln mehr Anschein da gewesen wäre. Denn so oft man aus Ermangelung einer gerade zum Ziel führenden Methode die Integrale erst durch blindhin anzustellende Versuche finden muss, da rechne ich die unendlichen Reihen mit unter solche Versuche. Es ist klar, dass diese sich summiren lassen, so oft das Differential wirklich integrirt werden kann, und es sind mir schon öfters Fälle vorgekommen, wo die Summe der Reihe leichter als das Integral aus der Differentialformel gefunden werden konnte, und sodann die Spur anzeigte, wie es hätte gefunden werden können, wenn man die Methode voraus gewusst hätte.

[151] § 67.

Es stelle demnach in der 12ten Figur CA die Abscissenlinie, CE eine senkrechte Linie, so mit den Ordinaten parallel läuft, EM einen Parallelkreis für die Polhöhe p, und LM einen Mittagskreis für die Länge λ vor.
Man ziehe die Ordinate nMQ, und setze

$$CQ = x,$$
$$QM = y.$$

Fig. 12.

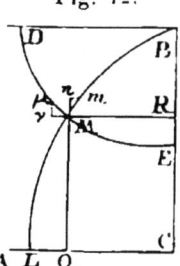

Ferner sey auf dem Mittagskreise m ein Punct für die Polhöhe $p + dp$, und auf dem Parallelkreise sey μ ein Punct für die Länge $\lambda + d\lambda$. Man ziehe nm, νM mit AC, und $\mu\nu$ mit CE parallel, so fordert die Bedingung der Aufgabe, dass der Winkel $\mu Mm = 90° = \nu Mn$, demnach die in ν, n rechtwinklichten Triangel $\nu M\mu$, nMm einander ähnlich seyn, und überdies sich μM zu Mm wie die Grade der Länge zu den Graden der Breite verhalten, demnach

$$\mu M : Mm = \cos p \, d\lambda : dp$$

sey: wofür sich aber wegen der Aehnlichkeit der Triangel die beyden Analogien

$$\nu M : Mn = \cos p \, d\lambda : dp,$$
$$\nu\mu : mn = \cos p \, d\lambda : dp$$

setzen lassen, welche beyde Bedingungen in sich schliessen.

§ 68.

Nun ist sowohl x als y eine Function von p und λ zugleich. Wenn man demnach so wohl x [152] als y differentiirt, so hat jedes Differential einen mit dp und einen mit $d\lambda$ multiplicirten Theil, und wir können überhaupt

$$dy = M dp + m d\lambda,$$
$$dx = N dp + n d\lambda$$

setzen, und damit M, m, N, n als Functionen von p und λ ansehen. Nun ist für einen und denselben Mittagskreis LM die Länge λ beständig, demnach $d\lambda = 0$. Dieses giebt in der Figur

$$+ dy' = Mn = Mdp,$$
$$- dx' = - mn = Ndp.$$

Hinwiederum ist für einen und denselben Parallelkreis EM die Breite p beständig, und damit $dp = 0$. Dieses giebt

$$+ dy'' = \mu\nu = md\lambda,$$
$$+ dx'' = \nu M = nd\lambda,$$

so dass also die ganzen Differentiale

$$dy = dy' + dy'' = Mn + \mu\nu,$$
$$dx = - dx' + dx'' = - mn + M\nu$$

sind.

§ 69.

Setzt man nun diese Werthe in die vorigen beyden Analogien, so erhält man

$$+ nd\lambda : + Mdp = \cos p\, d\lambda : dp,$$
$$+ md\lambda : - Ndp = \cos p\, d\lambda : dp.$$

Und hieraus

$$+ M \cos p = n,$$
$$- N \cos p = m.$$

§ 70.

Durch diese zwo Gleichungen lassen sich nun in den Differentialformeln (§ 68)

$$dy = Mdp + md\lambda,$$
$$dx = Ndp + nd\lambda$$

von den vier Functionen M, m, N, n zwo wegschaffen, und man erhält, wenn man z. E. M und m wegschafft,

$$dy = \frac{ndp}{\cos p} - N \cos p\, d\lambda,$$

wo demnach y durch die von x herrührenden Functionen n, N ausgedrückt, und damit eine Function von x wird.

§ 71.

So z. E. bey *Mercator*'s Entwerfung ist

$$x = \lambda,$$

Anmerkg. u. Zusätze z. Entwerf. d. Land- u. Himmelschart. 39

demnach
$$dx = d\lambda.$$
Dieses macht
$$N = 0,$$
$$n = 1,$$
demnach
$$dy = \frac{dp}{\cos p},$$
$$y = \log \operatorname{tang}(45^\circ + \tfrac{1}{2}p).$$

[154] § 72.

Eben so ist bey der stereographischen Entwerfung, wo C der Mittelpunct, CA der Aequator ist,
$$x = \frac{\sin \lambda \cos p}{1 + \cos \lambda \cos p},$$
demnach
$$dx = \frac{(\cos \lambda + \cos p) \cos p \, d\lambda - \sin p \sin \lambda \, dp}{(1 + \cos \lambda \cos p)^2}$$
Dieses macht
$$N = - \frac{\sin p \sin \lambda}{(1 + \cos \lambda \cos p)^2},$$
$$n = + \frac{(\cos \lambda + \cos p) \cos p}{(1 + \cos \lambda \cos p)^2},$$
demnach
$$dy = \frac{(\cos \lambda + \cos p) dp + \sin p \cos p \sin \lambda \, d\lambda}{(1 + \cos \lambda \cos p)^2},$$
$$y = \frac{\sin p}{1 + \cos \lambda \cos p}.$$

§ 73.

Auf diese Art kann x, durch λ, p bestimmt, willkührlich angenommen, und die dazu gehörende Differentialgleichung für y gefunden werden. Und da man gleichergestalt
$$dx = -\frac{m}{\cos p} dp + M \cos p \, d\lambda.$$
[155] findet, so hat man auch die Wahl, eine Gleichung für y anzunehmen, und daraus die Differentialgleichung für x zu

finden. Es kann aber allzuleicht geschehen, dass eine solche Gleichung nichts vorstellt, weil sie so beschaffen seyn muss, dass, wenn man in $-\dfrac{m}{\cos p}$ nur λ, und in $M \cos p$ nur p als veränderlich ansieht, diese beyden Ausdrücke durch das Differentiiren einerley Werthe geben, wenn ersterer durch $d\lambda$, letzterer durch dp getheilt wird. Eben dieses gilt auch von der ersten Gleichung (§ 70)

$$dy = \frac{n\,dp}{\cos p} - N \cos p\,d\lambda..$$

Man kann übrigens auch aus den Differentialformeln

$$dy = M\,dp + m\,d\lambda,$$
$$dx = N\,dp + n\,d\lambda.$$

vermittelst der Gleichungen

$$+ M \cos p = n,$$
$$- N \cos p = m$$

M und N wegschaffen, und da erhält man

$$dy = \frac{n\,dp}{\cos p} + m\,d\lambda,$$
$$dx = -\frac{m\,dp}{\cos p} + n\,d\lambda..$$

Diese Gleichungen haben nun den Vortheil, dass nur das eine Glied mit dp und $\cos p$ behaftet ist. [156] Das hat auch den Herrn *de la Grange*, dem ich die Aufgabe mitgetheilt, bewogen, darüber noch fernere Untersuchungen anzustellen. Derselbe machte zu diesem Ende

$$\frac{dp}{\cos p} = d\mu,$$

welches

$$\mu = \log \tang (45° + \tfrac{1}{2} p)$$

giebt, und daraus folgte

$$dy = + n\,d\mu + m\,d\lambda,$$
$$dx = - m\,d\mu + n\,d\lambda,$$

demnach

$$dy \sqrt{-1} = + n\,d\mu \sqrt{-1} + m \sqrt{-1}\,d\lambda,$$
$$dx = + m \sqrt{-1}\,d\mu) \overline{-1} + n\,d\lambda;$$

Anmerkg. u. Zusätze z. Entwerf. d. Land- u. Himmelschart. 11

ferner hieraus
$$dx + dy \sqrt{-1} = (m\sqrt{-1} + n) \cdot (d\mu\sqrt{-1} + d\lambda).$$
$$dx - dy \sqrt{-1} = (m\sqrt{-1} - n) \cdot (d\mu\sqrt{-1} - d\lambda).$$

Dieses zeigt nun überhaupt an, dass $m\sqrt{-1} + n$ eine Function von $\mu\sqrt{-1} + \lambda$, und hinwiederum $m\sqrt{-1} - n$ eine Function von $\mu\sqrt{-1} - \lambda$ seyn müsse. (Man sehe z. E. *Bougainville*, Calcul Intégral, P. II, Chap. 16, Probl. 2.
Damit aber ist auch

$x + y\sqrt{-1}$ eine Function von $\mu\sqrt{-1} + \lambda$
und
$x - y\sqrt{-1}$ eine Function von $\mu\sqrt{-1} - \lambda$.

Die Anwendung hievon auf besondere Fälle geht mit sehr ungleichem Erfolge von statten. Bey einigen der einfachsten Entwerfungsarten hat sie [157] keine Schwierigkeit. Bey andern aber thut man eben so wohl, wenn man gleich anfangs unendliche Reihen zu Hülfe nimmt. Uebrigens kann man noch ferner

$$\frac{y}{x} = \text{tang } v, \qquad \frac{\mu}{\lambda} = \text{tang } w,$$
$$y = \beta \sin v, \qquad \mu = \alpha \sin w,$$
$$x = \beta \cos v, \qquad \lambda = \alpha \cos w$$

setzen. Damit erhält man

$$x + y\sqrt{-1} = \beta e^{+v\sqrt{-1}}, \quad \mu\sqrt{-1} + \lambda = \alpha e^{+w\sqrt{-1}}.$$
$$x - y\sqrt{-1} = \beta e^{-v\sqrt{-1}}, \quad \mu\sqrt{-1} - \lambda = -\alpha e^{-w\sqrt{-1}};$$

demnach, wenn man die Function durch φ anzeigt,

$$\beta e^{+v\sqrt{-1}} = \varphi\left(\alpha e^{+w\sqrt{-1}}\right),$$
$$\beta e^{-v\sqrt{-1}} = \varphi\left(-\alpha e^{-w\sqrt{-1}}\right).$$

Hieraus folgt nun, dass man z. E.

$$\beta e^{+v\sqrt{-1}} = A + B\alpha^2 e^{2w\sqrt{-1}} + C\alpha^4 e^{4w\sqrt{-1}} + \text{etc.},$$
$$\beta e^{-v\sqrt{-1}} = A + B\alpha^2 e^{-2w\sqrt{-1}} + C\alpha^4 e^{-4w\sqrt{-1}} + \text{etc.}$$

setzen kann; wodurch nach bekannten Formeln

$$x = \beta \cos v = A + B\alpha^2 \cos 2w + C\alpha^4 \cos 4w + \text{etc.},$$
$$y = \beta \sin v = B\alpha^2 \sin 2w + C\alpha^4 \sin 4w + \text{etc.}$$

gefunden wird. Und da ist nun

$$w = \text{Arc tang} \left(\frac{\log \text{tang } (45° + \tfrac{1}{2}p)}{\lambda} \right).$$

§ 74.

Da man auf diese Art dennoch auch auf [158] unendliche Reihen verfällt, so werde ich unmittelbar zu den zwo Differentialgleichungen

$$dy = M dp + m d\lambda,$$
$$dx = N dp + n d\lambda.$$

(§ 70) zurücke kehren. Der Umstand, dass hier

$$+ M \cos p = n,$$
$$- N \cos p = m$$

seyn, (§ 69) und demnach sowohl M als N mit $\cos p$ multiplicirt werden muss, leitet uns auf die schicklichste Form, die wir denen für y und x anzunehmenden unendlichen Reihen geben können. Wir setzen nemlich

$$\begin{aligned}
y = {}& A && + B\lambda && + C\lambda^2 && + \text{etc.} \\
& + A' \sin p && + B' \lambda \sin p && + C' \lambda^2 \sin p && + \text{etc.} \\
& + A'' \sin 2p && + B'' \lambda \sin 2p && + C'' \lambda^2 \sin 2p && + \text{etc.} \\
& + A''' \sin 3p && + B''' \lambda \sin 3p && + C''' \lambda^2 \sin 3p && + \text{etc.} \\
& + \text{etc.}
\end{aligned}$$

und

$$\begin{aligned}
x = {}& a && + b\lambda && + c\lambda^2 && + \text{etc.} \\
& + a' \cos p && + b' \lambda \cos p && + c' \lambda^2 \cos p && + \text{etc.} \\
& + a'' \cos 2p && + b'' \lambda \cos 2p && + c'' \lambda^2 \cos 2p && + \text{etc.} \\
& + a''' \cos 3p && + b''' \lambda \cos 3p && + c''' \lambda^2 \cos 3p && + \text{etc.} \\
& + \text{etc.}
\end{aligned}$$

§ 75.

Wird nun y sowohl als x differentiirt, so findet man M, m, N, n, und damit können die Gleichungen

[159]
$$+ M \cos p = n,$$
$$- N \cos p = m$$

ausführlich vorgestellt werden. In Ansehung der erstern ist nach angestellter Rechnung und gehöriger Reduction

Anmerkg. u. Zusätze z. Entwerf. d. Land- u. Himmelschart.   43

$M \cos p$
$= \tfrac{1}{2} A' \qquad\qquad + \tfrac{1}{2} B' \lambda \qquad\qquad - \text{etc.}$
$+ \tfrac{1}{2}(2 A'') \cos p \qquad + \tfrac{1}{2} 2 B'') \lambda \cos p \qquad + \text{etc.}$
$+ \tfrac{1}{2}(A' + 3 A''') \cos 2p + \tfrac{1}{2}(B' + 3 B''') \lambda \cos 2p + \text{etc.}$
$+ \tfrac{1}{2}(2 A'' + 4 A'''') \cos 3p + \tfrac{1}{2}(2 B'' + 4 B'''') \lambda \cos 3p + \text{etc.}$
$+ \tfrac{1}{2}(3 A''' + 5 A') \cos 4p + \tfrac{1}{2}(3 B''' + 5 B') \lambda \cos 4p + \text{etc.}$
etc.

und
$n = \quad b \qquad\qquad + 2 c \lambda \qquad\qquad + 3 d \lambda^2 \qquad\qquad + \text{etc.}$
$\quad + b' \cos p + 2 c' \lambda \cos p + 3 d' \lambda^2 \cos p$
$\quad + b'' \cos 2p + 2 c'' \lambda \cos 2p + 3 d'' \lambda^2 \cos 2p$
$\quad + b''' \cos 3p + 2 c''' \lambda \cos 3p + 3 d''' \lambda^2 \cos 3p$

§ 76.

Hier können nun die Coefficienten Glied für Glied mit einander verglichen werden; und so findet man

$b = \tfrac{1}{2} A' \qquad\qquad c = \tfrac{1}{4} B' \qquad\qquad d = \tfrac{1}{6} C'$
$b' = \tfrac{1}{2}(2 A'') \qquad c' = \tfrac{1}{4}(2 B'') \qquad d' = \tfrac{1}{6} 2 C''$
$b'' = \tfrac{1}{2}(A' + 3 A''') \qquad c'' = \tfrac{1}{4}(B' + 3 B''') \qquad d'' = \tfrac{1}{6}(C' + 3 C''')$
$b''' = \tfrac{1}{2}(2 A'' + 4 A'''') \qquad c''' = \tfrac{1}{4}(2 B'' + 4 B'''') \qquad d''' = \tfrac{1}{6}(2 C'' + 4 C'''')$
$b'''' = \tfrac{1}{2}(3 A''' + 5 A') \qquad c'''' = \tfrac{1}{4}(3 B''' + 5 B') \qquad d'''' = \tfrac{1}{6}(3 C''' + 5 C')$
etc. | etc. | etc.

§ 77.

Auf eine ganz ähnliche Art findet man vermittelst der Gleichung $- N \cos p = m$ die Werthe

$B = 0 \qquad\qquad C = 0 \qquad\qquad D = 0$
$B' = \tfrac{1}{2}(2 a'') \qquad C' = \tfrac{1}{4} 2 b'') \qquad D' = \tfrac{1}{6} 2 c'')$
$B'' = \tfrac{1}{2}(a' + 3 a''') \qquad C'' = \tfrac{1}{4}(b' + 3 b''') \qquad D'' = \tfrac{1}{6}(c' + 3 c''')$
$B''' = \tfrac{1}{2}(2 a'' + 4 a'''') \qquad C''' = \tfrac{1}{4}(2 b'' + 4 b'''') \qquad D''' = \tfrac{1}{6}(2 c'' + 4 c'''')$
$B'''' = \tfrac{1}{2}(3 a''' + 5 a') \qquad C'''' = \tfrac{1}{4}(3 b''' + 5 b') \qquad D'''' = \tfrac{1}{6}(3 c''' + 5 c')$
etc. | etc. | etc.

§ 78.

Das Gesetz des Fortganges in diesen Ausdrücken ist sehr einfach. Man findet auch leicht, dass sie von einander wechselsweise abhängen, und zwar

die b von den A,
die c von den B, demnach von den a,
die d von den C, demnach von den A,
   etc.

die B von den a,
die C von den b, demnach von den A,
die D von den c, demnach von den a,
   etc.

und so hängen alle übrigen Coefficienten von den a, A ab.

[161] § 79.

Man findet demnach

$b = \tfrac{1}{2}(* + A')$ $B = 0$
$b' = \tfrac{1}{2}(* + 2A'')$ $B' = \tfrac{1}{2}(* + 2a'')$
$b'' = \tfrac{1}{2}(A' + 3A''')$ $B'' = \tfrac{1}{2}(a' + 3a''')$
$b''' = \tfrac{1}{2}(2A'' + 4A'''')$ $B''' = \tfrac{1}{2}(2a'' + 4a'''')$
$b'''' = \tfrac{1}{2}(3A''' + 5A^V)$ $B'''' = \tfrac{1}{2}(3a''' + 5a^V)$
   etc.   etc.

Und überhaupt

$$b^k = \tfrac{1}{2}[(k-1)A^{k-1} + (k+1)A^{k+1}],$$
$$B^k = \tfrac{1}{2}[(k-1)a^{k-1} + (k+1)a^{k+1}].$$

Ferner

$c = \dfrac{1}{2\cdot 4}(* \; * \; + 2a'')$ $C = 0$

$c' = \dfrac{1}{2\cdot 4}(* + 2a' + 6a''')$ $C' = \dfrac{1}{2\cdot 4}(* + 2A' + 6A''')$

$c'' = \dfrac{1}{2\cdot 4}(* + 8a'' + 12a'''')$ $C'' = \dfrac{1}{2\cdot 4}(* + 8A'' + 12A''')$

$c''' = \dfrac{1}{2\cdot 4}(2a' + 18a''' + 20a^V)$ $C''' = \dfrac{1}{2\cdot 4}(2A' + 18A''' + 20A^V)$

$c'''' = \dfrac{1}{2\cdot 4}(6a'' + 32a'''' + 30a^{VI})$ $C'''' = \dfrac{1}{2\cdot 4}(6A'' + 32A'''' + 30A^{VI})$

$c^V = \dfrac{1}{2\cdot 4}(12a''' + 50a^V + 42a^{VII})$ $C^V = \dfrac{1}{2\cdot 4}(12A''' + 50A^V + 42A^{VII})$

$c^{VI} = \dfrac{1}{2\cdot 4}(20a'''' + 72a^{VI} + 56a^{VIII})$ $C^{VI} = \dfrac{1}{2\cdot 4}(20A'''' + 72A^{VI} + 56A^{VIII})$

   etc.   etc.

162] Und überhaupt

$$c^k = \tfrac{1}{4}[(k-1)B^{k-1} + (k+1)B^{k+1}]$$
$$= \frac{1}{2 \cdot 4}\left[\begin{array}{l}k-1)\cdot(k-2\,a^{k-2} + 2kk\,a^k)\\ + k+1)\cdot k+2\,a^{k+2}\end{array}\right],$$

$$C^k = \tfrac{1}{4}[(k-1)b^{k-1} + (k+1)b^{k+1}]$$
$$= \frac{1}{2\cdot 4}\left[\begin{array}{l}(k-1)\cdot(k-2)A^{k-2} + 2kk\,A^k\\ + (k+1)\cdot(k+2)A^{k+2}\end{array}\right].$$

Ferner

$$d = \frac{1}{2\cdot 4 \cdot 6}(* \quad * \quad + 2A' + 6A''')$$

$$d' = \frac{1}{2\cdot 4\cdot 6}(* \quad * \quad + 16A'' + 21A''')$$

$$d'' = \frac{1}{2\cdot 4\cdot 6}(* \quad + 8A' + 60A''' + 60A^V)$$

$$d''' = \frac{1}{2\cdot 4\cdot 6}(* \quad + 10A'' + 152A'''' + 120A^{VI})$$

$$d'''' = \frac{1}{2\cdot 4\cdot 6}(6A' + 111A''' + 310A^V + 210A^{VII})$$

$$d^V = \frac{1}{2\cdot 4\cdot 6}(21A'' + 218A'''' + 552A^{VI} + 336A^{VIII})$$

etc.

Eben so auch die D', D'' etc. durch die a', a'', a''' etc.

[163] Und überhaupt

$$D^k = \tfrac{1}{6}[(k-1)c^{k-1} + (k+1)c^{k+1}]$$

$$= \frac{1}{2\cdot 4\cdot 6}\left\{\begin{array}{l}(k-1)\cdot(k-2)\cdot(k-3)\cdot a^{k-3}\\ + (k-1)\cdot(3k^2 - 3k + 2)\,a^{k-1}\\ + (k+1)\cdot(3k^2 + 3k + 2)\,a^{k+1}\\ + (k+1)\cdot(k+2)\cdot(k+3)\cdot a^{k+3}\end{array}\right\}.$$

Ferner

$$c = \frac{1}{2\cdot 4\cdot 6\cdot 8}(* \quad * \quad * \quad \quad 16a'' + 21a'''')$$

$$c' = \frac{1}{2\cdot 4\cdot 6\cdot 8}(* \quad * \quad + 16a' + 120a''' + 120a^v)$$

$$c'' = \frac{1}{2\cdot 4\cdot 6\cdot 8}(* \quad * \quad + 136a'' + 480a'''' + 360a^{vi})$$

$$c''' = \frac{1}{2\cdot 4\cdot 6\cdot 8}(* + 40a' + 576a''' + 1360a^v + 840a^{vii})$$

$$c'''' = \frac{1}{2\cdot 4\cdot 6\cdot 8}(* + 240a'' + 1696a'''' + 3120a^{vi} + 1680a^{viii})$$

etc.

Eben so auch die E', E'' etc., durch die A', A'', A''' etc.

[164] Und überhaupt

$$c^k = \tfrac{1}{8}[(k-1)D^{k-1} + (k+1)D^{k+1}]$$

$$\frac{1}{2\cdot 4\cdot 6\cdot 8}\left\{\begin{array}{l}(k-1)\cdot(k-2)\cdot(k-3)\cdot(k-4)a^{k-4}\\ +(k-1)\cdot(k-2)\cdot(4k^2-8k+8)a^{k-2}\\ +(k\cdot k\cdot(6k^2+10)a^k\\ +(k+1)\cdot(k+2)\cdot(4k^2+8k+8)a^{k+2}\\ +(k+1)\cdot(k+2)\cdot(k+3)\cdot(k+4)a^{k+4}\end{array}\right\}.$$

Auf diese Art können die folgenden Coefficienten ebenfalls bestimmet werden. Ich werde es aber bey dieser allgemeinen Anzeige bewenden lassen, da es, überhaupt betrachtet, genug ist, gezeigt zu haben, dass die Rechnung auch bey den verwickeltetsten Reihen von statten geht. In besondern Fällen giebt es merklich Abkürzungen, wie wir es sogleich sehen werden.

VII. Anwendung der Methode auf einen besondern Fall.

§ 80.

Es giebt mehrere Landcharten, selbst auch von ganzen Welttheilen, wo ihre Verfertiger, vermuthlich Kürze halber, sich folgender Verzeichnungsart bedienet haben. Man zieht mitten durch die Charte herunter eine gerade Linie, und theilt sie in so viele gleiche Theile, als der Mittagskreis, den sie vorstellt, Grade der Breite haben soll. Durch jeden Grad werden senkrechte [165] Linien gezogen, und diese stellen die Parallelkreise des Aequators vor. Sie werden ebenfalls in gleiche Theile getheilt, welche die Grade der Länge vorstellen sollen. Da aber die Grade der Länge desto kleiner sind, je näher der Parallelkreis bey dem Pol ist, und zwar im Verhältniss des Sinus des Abstandes vom Pole: so werden auch auf diesen Linien die Grade in eben dem Verhältniss kleiner gemacht. Dadurch lassen sich dann die übrigen Mittagskreise ziehen. Es sind krumme Linien, die nur den Aequator unter rechten Winkeln, alle Parallelkreise aber unter schiefen Winkeln durchschneiden, und daher auch den Ländern eine mehr oder minder schief gestreckte Lage geben. Die Linien selbst sind die von *Leibnitz* so genannten Sinuslinien, und sie sind nur darinn von einander verschieden, dass die Ordinaten bey jeder in beständigem Verhältniss grösser oder kleiner sind.

§ 81.

Von dieser Entwerfungsart werden wir hier die zwo Bedingungen beybehalten, dass erstlich der mittlere Mittagskreis geradlinicht, und in gleich grosse Grade getheilt sey, sodann, dass der Aequator ebenfalls geradlinicht sey, und den Mittagskreis senkrecht durchschneide. Zu diesen Bedingungen fügen wir aber noch die, dass alle Parallelkreise alle Mittagskreise unter rechten Winkeln schneiden, und die Grade der Länge zu den Graden der Breite durchaus ihr wahres [166] Verhältniss behalten sollen. Diese zwo letzteren Bedingungen machen, dass die Aufgabe unter der vorhin (§ 65 folgg.) angeführten viel allgemeineren enthalten ist. Hingegen dienen die zwo erstern Bedingungen, die Form der unendlichen Reihen zu bestimmen, die wir zum Behuf der Auflösung annehmen müssen. Da ich bey dieser Aufgabe eigentlich anfieng, so nahm ich für y und x solche Reihen an, die nach den Dignitäten von p und λ fortgiengen. In der Figur 12 S. 37) stellt nun CA den Aequator, CB den mittlern Mittagskreis vor. CE ist $= p$, und CL eine Function von λ. In E müssen rechte Winkel, und jeder Parallelkreis auf beyden Seiten von CB ähnlich seyn. Dieses machte, dass y durch lauter gerade Dignitäten von λ, und durch lauter ungerade Dignitäten von p, hingegen x durch ungerade Dignitäten von λ und durch gerade Dignitäten von p ausgedrückt werden musste, und zwar so, dass, wenn $p = 0$, auch $y = 0$, und x nur eine Function von λ würde; und hinwiederum, dass, wenn $\lambda = 0$, alsdann $y = p$ und $x = 0$ seyn musste.

[167] § 82.

Die Rechnung, die ich hierüber anstellte, gab

$$y = p$$
$$+ \tfrac{1}{2}\lambda^2 p - \tfrac{1}{2} \cdot \tfrac{1}{1\cdot 2\cdot 3}\lambda^2 p^3 + \tfrac{16}{2} \cdot \tfrac{\lambda^2 p^5}{1\cdot 2\cdot 3\cdot 4\cdot 5} - \tfrac{61}{2} \cdot \tfrac{\lambda^2 p^7}{1\cdot 2\cdot 3\cdot 4\cdot 5\cdot 6\cdot 7} + \text{etc.}$$
$$+ \tfrac{5}{24}\lambda^4 p - \tfrac{7}{18}\lambda^4 p^3 + \tfrac{5}{18}\lambda^4 p^5 - \text{etc.}$$
$$+ \tfrac{61}{720}\lambda^6 p - \tfrac{331}{1080}\lambda^6 p^3 + \text{etc.}$$
$$+ \tfrac{277}{8064}\lambda^8 p - \text{etc.}$$
$$+ \text{etc.,}$$

$$x = \lambda - \tfrac{1}{2}\lambda p^2 + \tfrac{1}{2\cdot 3\cdot 4}\lambda p^4 - \tfrac{1}{2\cdot 3\cdot 4\cdot 5\cdot 6}\lambda p^6 + \text{etc.}$$
$$+ \tfrac{1}{6}\lambda^3 - \tfrac{5}{12}\lambda^3 p^2 + \tfrac{41}{144}\lambda^3 p^4 - \tfrac{73}{864}\lambda^3 p^6 + \text{etc.}$$
$$+ \tfrac{1}{24}\lambda^5 - \tfrac{61}{240}\lambda^5 p^2 + \tfrac{1111}{2880}\lambda^5 p^4 - \text{etc.}$$
$$+ \tfrac{61}{5040}\lambda^7 - \tfrac{277}{2016}\lambda^7 p^2 + \text{etc.}$$
$$+ \tfrac{277}{72576}\lambda^9 - \text{etc.}$$
$$+ \text{etc.}$$

[168] § 83.

Da ich aber diese Reihen summirte, so fand sich, wiewohl anfangs nur durch Induction,

$$y = p$$
$$+ \tfrac{1}{4}\lambda^2 \sin 2p$$
$$+ \frac{4\sin 2p + 3\sin 4p}{4\cdot 8\cdot 1\cdot 3} \cdot \lambda^4$$
$$+ \frac{31\sin 2p + 60\sin 4p + 30\sin 6p}{4\cdot 8\cdot 12\cdot 1\cdot 3\cdot 5} \cdot \lambda^6$$
$$+ \frac{196\sin 2p + 1512\sin 4p + 1680\sin 6p + 630\sin 8p}{4\cdot 8\cdot 12\cdot 16\cdot 1\cdot 3\cdot 5\cdot 7} \cdot \lambda^8$$
$$+ \frac{11056\sin 2p + 50880\sin 4p + 93240\sin 6p + 75600\sin 8p + 22680\sin 10p}{4\cdot 8\cdot 12\cdot 16\cdot 20\cdot 1\cdot 3\cdot 5\cdot 7\cdot 9} \cdot \lambda^{10}$$
$$+ \text{etc.,}$$

Anmerkg. u. Zusätze z. Entwerf. d. Land- u. Himmelschart. 49

[169] und

$$= \cos p \cdot \lambda$$
$$+ \frac{\cos p + \cos 3p}{4 \cdot 1 \cdot 3} \cdot \lambda^3$$
$$+ \frac{4 \cos p + 10 \cos 3p + 6 \cos 5p}{4 \cdot 8 \cdot 1 \cdot 3 \cdot 5} \cdot \lambda^5$$
$$+ \frac{34 \cos p + 154 \cos 3p + 210 \cos 5p + 90 \cos 7p}{4 \cdot 8 \cdot 12 \cdot 1 \cdot 3 \cdot 5 \cdot 7} \cdot \lambda^7$$
$$+ \frac{496 \cos p + 3520 \cos 3p + 8064 \cos 5p + 7560 \cos 7p + 2520 \cos 9p}{4 \cdot 8 \cdot 12 \cdot 16 \cdot 1 \cdot 3 \cdot 5 \cdot 7 \cdot 9} \cdot \lambda^9$$
$$+ \text{etc.}$$

[170] Ich nahm aber darauf Reihen von dieser Form mit unbestimmten Coefficienten an, und fand damit, dass die Induction ganz richtig war.

§ 84.

Dabey liess ich es aber nicht bewenden, sondern bemerkte, dass sich diese Werthe von y und x herunterwerts summiren liessen, und es fand sich

$$y = p + \sin 2p \tang^2 \tfrac{1}{2}\lambda + \tfrac{1}{2}\sin 4p \tang^4 \tfrac{1}{2}\lambda + \tfrac{1}{3}\sin 6p \tang^6 \tfrac{1}{2}\lambda$$
$$+ \tfrac{1}{4}\sin 8p \tang^8 \tfrac{1}{2}\lambda + \text{etc.},$$
$$x = 2\cos p \tang \tfrac{1}{2}\lambda + \tfrac{2}{3}\cos 3p \tang^3 \tfrac{1}{2}\lambda + \tfrac{2}{5}\cos 5p \tang^5 \tfrac{1}{2}\lambda + \text{etc.}$$

§ 85.

Endlich liessen sich auch diese Reihen noch summiren, und es fand sich

$$y = p + \text{Arc tang} \frac{\sin 2p \tang^2 \tfrac{1}{2}\lambda}{1 - \cos 2p \tang^2 \tfrac{1}{2}\lambda},$$
$$x = \tfrac{1}{2}\log\left(\frac{1 + 2\tang\tfrac{1}{2}\lambda \cos p + \tang^2 \tfrac{1}{2}\lambda}{1 - 2\tang\tfrac{1}{2}\lambda \cos p + \tang^2 \tfrac{1}{2}\lambda}\right)$$

oder, wenn man $p = 90^\circ - \varepsilon$ setzt,

$$y = 90° - \varepsilon + \text{Arc cotg } (\cotg 2\varepsilon + \cotg^2 \tfrac{1}{2} \lambda \cosec 2\varepsilon),$$
$$x = \tfrac{1}{2} \log \left(\frac{1 + \sin \lambda \cdot \sin \varepsilon}{1 - \sin \lambda \cdot \sin \varepsilon} \right) = \tfrac{1}{2} \log \left(\frac{\cosec \varepsilon + \sin \lambda}{\cosec \varepsilon - \sin \lambda} \right),$$

oder noch kürzer
$$\cot y = \cos \lambda \tang \varepsilon.$$

§ 86.

Hieraus fand sich nun hinwiederum

[171]
$$dy = \frac{\cos \lambda \cdot dp + \sin p \cos p \sin \lambda \cdot d\lambda}{1 - \cos^2 p \sin^2 \lambda},$$
$$dx = \frac{\cos p \cos \lambda \cdot d\lambda - \sin \lambda \sin p \cdot dp}{1 - \cos^2 p \sin^2 \lambda},$$

demnach
$$+ M = \frac{\cos \lambda}{1 - \cos^2 p \sin^2 \lambda} \quad\quad + m = \frac{\sin p \cos p \sin \lambda}{1 - \cos^2 p \sin^2 \lambda}$$
$$- N = \frac{\sin p \sin \lambda}{1 - \cos^2 p \sin^2 \lambda} \quad\quad + n = \frac{\cos \lambda \cos p}{1 - \cos^2 p \sin^2 \lambda},$$

wo man leicht sieht, dass diese Ausdrücke den beyden zu Grunde liegenden Gleichungen (§ 69)

$$+ M \cos p = n,$$
$$- N \cos p = m$$

Genüge leisten, und damit die bey Summirung gebrauchte Induction ebenfalls bewähren.

§ 87.

Aus der Formel
$$x = \tfrac{1}{2} \log \left(\frac{1 + \sin \varepsilon \sin \lambda}{1 - \sin \varepsilon \sin \lambda} \right)$$

erhellet, dass x eben so von ε, wie von λ abhängt, so dass man z. E. für $\varepsilon = 40°$, $\lambda = 60°$ eben den Werth von x erhält, den man für $\varepsilon = 60°$, $\lambda = 40°$ findet.

§ 88.

Setzt man nun $\varepsilon = 90°$, oder $p = 0$, so ist

[172] $$x = \tfrac{1}{2} \log \left(\frac{1 + \sin \lambda}{1 - \sin \lambda} \right) = \log \tang (45° + \tfrac{1}{2} \lambda).$$

Demnach nehmen die Grade des Aequators, von C an gerechnet (s. Fig. 12 S. 37), eben so zu, wie die Grade der Breite bey *Mercators* Seecharten. In der That läuft auch, wie wir im folgenden sehen werden, die ganze Zeichnungsart mit *Mercators* seiner auf eines hinaus.

§ 89.

Setzt man $\lambda = 90°$, so wird

$$x = \tfrac{1}{2} \log \frac{1 + \sin \varepsilon}{1 - \sin \varepsilon} = \log \tang (45° + \tfrac{1}{2} \varepsilon)$$

und

$$y = 90°.$$

Demnach wird der Mittagskreis, welcher um $90°$ von CB entfernt ist (Fig. 12 S. 37), mit dem Aequator parallel, und die Grade der Aequatorshöhe nehmen, vom Pol aus gerechnet, auf demselben eben so zu, wie die Grade der Länge auf dem Aequator, von C aus gerechnet, oder wie die Grade der Breite bey *Mercators* Seecharten. Die Folge hieraus ist, dass, da die Parallelkreise alle Mittagskreise unter rechten Winkeln schneiden, sie sich von E nach M aufwerts ziehen, und bey dem 90sten Grad der Länge in D mit CB parallel werden. Oberhalb D haben sie wiederum eben die Krümmung. Und da $DB > BE$ ist, so sind es reguläre Ovallinien, die desto oblonger werden, je weiter sie vom Pol weg sind.

[173] ## § 90.

Man findet ferner (s. Fig. 12 S. 37 für jeden Parallelkreis den Halbmesser des Krümmungskreises

in $E = \tang \varepsilon$,
in $D = \sin \varepsilon$

und für jeden Mittagskreis BML den Halbmesser des Krümmungskreises

in $L = \cosec \lambda$.

Zum § 91 der Landcharten.

Für x

λ = 0	0	10	20	30	40	50	60	70	80	90
ε = 0	0,00 000	0,00 000	0,00 000	0,00 000	0,00 000	0,00 000	0,00 000	0,00 000	0,00 000	0,00 000
10	0,00 000	0,03 016	0,05 946	0,08 704	0,11 209	0,13 382	0,15 153	0,16 465	0,17 271	0,17 543
20	0,00 000	0,05 946	0,11 752	0,17 271	0,22 363	0,26 830	0,30 531	0,33 323	0,35 051	0,35 638
30	0,00 000	0,08 704	0,17 271	0,25 511	0,33 697	0,40 360	0,46 360	0,50 987	0,53 928	0,54 931
40	0,00 000	0,11 209	0,22 363	0,33 697	0,43 914	0,53 923	0,62 805	0,69 946	0,74 644	0,76 291
50	0,00 000	0,13 382	0,26 830	0,40 360	0,53 923	0,67 283	0,79 689	0,90 733	0,98 310	1,01 068
60	0,00 000	0,15 153	0,30 531	0,46 360	0,62 805	0,79 889	0,97 296	1,13 817	1,26 892	1,31 694
70	0,00 000	0,16 465	0,33 323	0,50 987	0,69 946	0,90 733	1,13 817	1,38 939	1,62 549	1,73 542
80	0,00 000	0,17 271	0,35 051	0,53 928	0,74 644	0,98 310	1,26 892	1,62 549	2,08 925	2,43 621
90	0,00 000	0,17 543	0,35 638	0,54 931	0,76 291	1,01 068	1,31 694	1,73 542	2,43 624	infinit.

Für y

ε = 0	0	10	20	30	40	50	60	70	80	90
0	1,57 080	1,57 080	1,57 080	1,57 080	1,57 080	1,57 080	1,57 080	1,57 080	1,57 080	1,57 080
10	1,39 626	1,39 886	1,40 648	1,41 926	1,43 670	1,45 793	1,46 541	1,51 056	1,51 015	1,57 080
20	1,22 173	1,22 643	1,24 125	1,26 545	1,29 688	1,34 097	1,39 078	1,44 695	1,50 364	1,57 080
30	1,04 720	1,05 380	1,07 370	1,10 712	1,16 690	1,21 348	1,28 977	1,37 584	1,47 088	1,57 080
40	0,87 266	0,88 019	0,90 311	0,94 239	0,99 951	1,07 617	1,17 367	1,29 133	1,42 611	1,57 080
50	0,69 813	0,70 568	0,72 891	0,76 961	0,83 088	0,91 699	1,03 361	1,18 375	1,36 703	1,57 080
60	0,52 360	0,53 025	0,55 094	0,58 800	0,64 585	0,73 182	0,85 707	1,03 599	1,27 464	1,57 080
70	0,34 907	0,35 401	0,36 953	0,39 782	0,44 355	0,51 522	0,62 923	0,81 648	1,10 100	1,57 080
80	0,17 453	0,17 717	0,18 542	0,20 086	0,22 624	0,27 627	0,33 904	0,48 601	0,79 305	1,57 080
90	0,00 000	0,00 000	0,00 000	0,00 000	0,00 000	0,00 000	0,00 000	0,00 000	0,00 000	

Endlich haben die Mittagskreise in B einen Wendungspunct. Ihr Halbmesser der Krümmung ist daselbst unendlich, und dieses macht, dass sie den Pol in einer sehr geraden Richtung durchschneiden. Ueberhaupt sind sie von den vorhin (§ 80. erwähnten Sinuslinien desto weniger verschieden, je kleiner λ ist.

§ 91.

Ich habe übrigens die Werthe von x und y für je 10 Gr. von ε und λ in beyliegender Tafel (s. S. 52) berechnet vorgestellt, und nach derselben in der 13ten Figur Amerika entworfen. Die Zeichnung fällt desto natürlicher aus, da auf dem Mittagskreise von 300 Gr. Länge die Grade der Breite gleiche Grösse haben, und selbst auch die Grade der Länge nicht sehr ungleich sind. Sie würden es aber geworden seyn, wenn die Charte auf beyden Seiten noch mehrere Grade der Länge hätte fassen sollen. So aber liess sich Amerika schicklich zwischen 80 Gr. Länge, auf dem Aequator gerechnet, einschliessen. Europa und Afrika [174] fallen bey dieser Zeichnungsart ebenfalls und noch um desto besser aus, da noch weniger Grade der Länge dazu erfordert werden. Endlich nimmt sich auch Asien gut aus, wenn man den 90sten Grad der Länge als den mittlern annimmt, und vom Aequator nicht mehrere Grade beybehält, als die vom 50sten bis zum 135sten gehen.

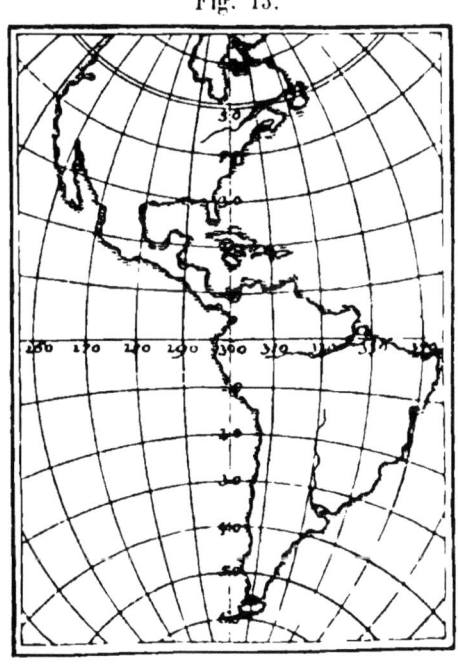

Fig. 13.

§ 92.

Diese Entwerfungsart kömmt übrigens mit *Mercators* seiner ganz überein. Der Unterschied ist nur, dass bei *Mercator* BC (Fig. 12 S. 37) der Aequator, DB, RM, CA Mittagskreise sind. Wir haben vorhin (§ 85)

$$x = \tfrac{1}{2} \log \left(\frac{1 + \sin \lambda \sin \varepsilon}{1 - \sin \lambda \sin \varepsilon} \right)$$

gefunden. Da nun überhaupt

ε den Bogen BM,
λ den Winkel MBR

vorstellt, so ist

$$\sin \lambda \sin \varepsilon = \sin \varphi,$$

und demnach ist φ der Bogen des aus M auf den Mittagskreis BC senkrecht gezogenen grössten Circuls der Sphäre. Setzen wir diesen Werth, so ist

$$MR = x = \tfrac{1}{2} \log \left(\frac{1 + \sin \varphi}{1 - \sin \varphi} \right) = \log \tang (45° + \tfrac{1}{2} \varphi).$$

Demnach stellt MR nach *Mercators* Zeichnungsart den Bogen φ wirklich vor.

[175]

VIII. Reguläre Entwerfungen der Erdfläche.

§ 93.

Unter den vielerley Entwerfungsarten der Kugelfläche haben diejenigen eine vorzüglichere Regelmässigkeit, wo die Mittagskreise durch gerade Linien vorgestellt werden, die einander in dem Pol unter ihren wahren Winkeln durchschneiden, und die vom Pol aus sämtlich auf einerley Art in Grade getheilt werden, so dass der Aequator und dessen Parallelkreise Circul sind, die ihren gemeinschaftlichen Mittelpunct im Pol haben. Eine solche Entwerfungsart stellt die 3te Figur (S. 14) vor. Sie hat nur das besonders, dass die Halbmesser der Parallelkreise, wie die Tangenten der Helfte ihrer Entfernung vom Pole, zunehmen. Man sieht aber leicht, dass sie nach einem andern beliebigen Gesetze zunehmen können, ohne dass der Regularität übrigens etwas benommen wird.

§ 94.

Es ist eben so ganz gleichgültig, ob der Mittelpunct p den Pol, oder einen jeden andern Punct der Erdfläche vorstelle. Denn auf der Kugelfläche kann jeder Punct als ein Pol angesehen werden. Stellt aber p nicht den Pol vor, so erhalten alle Linien andere Namen. Die Mittagskreise werden sodann Verticalcircul, der Aequator wird der Horizont und die Parallelkreise [176] des Aequators werden Almucantharat oder Höhenkreise, endlich werden die Grade des Aequators Azimuthalbögen oder Grade der Weltgegenden.. Dieses folgt unmittelbar aus der Erklärung der Wörter. Man kann sich die Sache auch folgendermassen vorstellen. Es sey z. E. Fig 3 S. 11 der Punct p Berlin, pA dessen Mittagskreis, so zeigen die Winkel apA, bpA, γpA an, wie viele Grade die Oerter a, c, b, γ vom Mittagskreise ost- oder westwerts liegen. und ap, cp, bp, γp, in Graden genommen, geben den Abstand dieser Oerter von Berlin in Graden. Nimmt man demnach statt solcher willkührlichen Oerter die Durchschnittspuncte aller Mittagskreise und Breitenkreise, so können die Winkel apA, bpA etc. und die Grade ap, bp etc. durch bekannte trigonometrische Rechnungen gefunden, und daher auch die Mittagskreise und Breitenkreise so gezogen werden, dass die Regularität der Entwerfung durchaus beybehalten werde.

§ 95.

Nun nimmt man bey Entwerfung der Halbkugeln der Erde gewöhnlich den 90sten und 270sten Grad der Länge auf dem Aequator zum Mittelpunct p an, und damit fallen die beyden Pole in B und A, und DpE wird der Aequator. Dieses macht sodann, dass die Mittags- und Breitenkreise in den vier Vierteln DpB, EpB, EpA, DpA auf eine durchaus ähnliche Art gezeichnet werden.

[177] § 96.

Es sey z. E. in der 11ten Figur (S. 56) ACE der Aequator, P, p die Pole, M der Durchschnittspunct des Mittagskreises

$PMLp$ und des Breitenkreises MB. Da nun die Entwerfungsart so beschaffen seyn soll, dass alle durch den Mittelpunct C gehenden geraden Linien grösste Circul der Sphäre vorstellen, und auf einerley Art in Grade eingetheilt seyn sollen, so ist CM ein Bogen eines solchen grössten Circuls, welcher in Graden den Abstand des Puncts M von C vorstellt, und der Winkel ACM bestimmt die Lage des Puncts M in Absicht auf die Lage des Aequators.

Fig. 14.

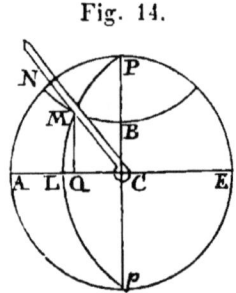

§ 97.

Man setze nun

den Unterschied der Länge $CL = \lambda$,
die Breite LM oder $CB = p$,
den Winkel $ACM = \omega$,
den Abstand $CM = k$,

so ist

$$\cos k = \cos \lambda \cos p,$$
$$\tang \omega = \tang p : \sin \lambda.$$

Nach diesen Formeln sind beyliegende 2 Tafeln (S. 57, 58) berechnet, welche p und ω für alle Bogen p, λ von 5 zu 5 Graden vorstellen. Der Gebrauch ist folgender.

§ 98.

Man theile den Circul $APEp$ in Grade. Sodann [178] nehme man ein beliebiges Gesetz an, nach welchem die durch C gehenden geraden Linien (welche, wie gesagt, grösste Circul vorstellen) in Grade getheilt werden sollen. Diese Eintheilung nehme man auf einer Regel, welche sich um C herumdrehen lässt, wirklich vor, so dass die Grade von C aus gezählt werden. Ist dieses geschehen, so wird die Regel so gedreht, dass für jeden Werth von p und λ der Bogen $AN = \omega$ werde. Den entsprechenden Werth von k sucht man auf der Eintheilung CN, und zeichnet dadurch den Punct M, welcher der verlangte Durchschnittspunct für λ

Anmerkg. u. Zusätze z. Entwerf. d. Land- u. Himmelschart. 57

Zum § 97 der Landcharten.

Für ω

$\lambda = 0$	$p=0$	5	10	15	20	25	30	35	40	45	50	55	60	65	70	75	80	85	90
0	0,0	90°0′	90°0′	90°0′	90°0′	90°0′	90°0′	90°0′	90°0′	90°0′	90°0′	90°0′	90°0′	90°0′	90°0′	90°0′	90°0′	90°0′	90°0′
5	0,0	15, 7	63,42	71,50	76,32	79,25	81,25	82,54	84, 4	85, 1	85,49	86,30	87, 7	87,47	88,11	88,40	89, 7	89,35	90,0
10	0,0	26,44	45,26	57, 3	64,30	69,35	73,16	76, 4	78,18	80, 9	81,43	83, 4	84,16	85,22	86,23	87,20	88,15	89, 8	90,0
15	0,0	18,40	31,16	46, 0	54,35	60,58	65,51	69,43	72,46	75,29	77,45	79,44	81,30	83, 7	84,37	86, 2	87,23	88,42	90,0
20	0,0	11,21	27,16	38, 5	46,47	53,45	59,21	63,58	67,49	71, 7	73,59	76,32	78,50	80,56	82,54	84,46	86,33	88,17	90,0
25	0,0	10,56	22,39	32,22	40,44	17,49	53,48	58,53	63,16	67, 5	70,29	73,31	76,17	78,51	81,15	83,32	85,44	87,53	90,0
30	0,0	9,54	19,26	28,11	36, 3	43, 0	49, 6	54,25	59,13	63,26	67,14	70,42	73,54	76,53	79,41	82,22	84,56	87,30	90,0
35	0,0	8,40	17, 6	25, 2	32,24	39, 7	45,11	50,41	55,39	60,10	64,18	68, 7	71,41	75, 2	78,12	81,16	84,14	87, 5	90,0
40	0,0	7,45	15,20	22,35	29,31	35,55	41,56	47,27	52,33	57,16	61,39	65,46	69,38	73,39	76,50	80,14	83,32	86,47	90,0
45	0,0	7, 3	14, 0	20,45	27,14	33,24	39,14	44,43	49,53	54,44	59,19	63,39	67,45	71,45	75,34	79,16	82,53	86,25	90,0
50	0,0	6,31	12,58	19,17	25,25	31,20	37, 0	42,25	47,36	52,33	57,16	61,45	66, 9	70,21	74,25	78,24	82,18	86,10	90,0
55	0,0	6, 6	12, 9	18, 5	23,58	29,39	35,11	40,32	45,41	50,41	55,30	60,10	64,41	69, 6	73,45	77,37	81,47	85,54	90,0
60	0,0	5,46	11,31	17,12	22,45	28,18	33,42	38,57	44, 6	49, 6	54, 0	58,46	63,26	68, 1	72,30	76,56	81,19	85,40	90,0
65	0,0	5,31	11, 1	16,28	21,53	27,13	32,30	37,41	42,48	47,49	52,45	57,36	62,23	67, 5	71,45	76,21	80,55	85,28	90,0
70	0,0	5,19	10,38	15,55	21,10	26,21	31,31	36,39	41,46	46,47	51,45	56,39	61,31	66,20	71, 7	75,52	80,36	85,18	90,0
75	0,0	5,11	10,21	15,31	20,39	25,46	30,52	35,55	41, 0	46, 0	50,59	55,56	60,51	65,45	70,38	75,29	80,20	85,10	90,0
80	0,0	5, 5	10, 9	15,13	20,17	25,20	30,23	35,25	40,26	45,26	50,26	55,25	60,23	65,20	70,17	75,13	80, 9	85, 5	90,0
85	0,0	5, 1	10, 2	15, 4	20, 5	25, 5	30, 6	35, 6	40, 6	45, 6	50, 5	55, 5	60, 5	65, 5	70, 4	75, 3	80, 2	85, 1	90,0
90	0,0	5, 0	10, 0	15, 0	20, 0	25, 0	30, 0	35, 0	40, 0	45, 0	50, 0	55, 0	60, 0	65, 0	70, 0	75, 0	80, 0	85, 0	90,0

Zum § 97 der Landcharten.

Für k

$p=0$	5	10	15	20	25	30	35	40	45	50	55	60	65	70	75	80	85	90
$\lambda=0$	0°0′	5°0′	10°0′	15°0′	20°0′	25°0′	30°0′	35°0′	40°0′	45°0′	50°0′	55°0′	60°0′	65°0′	70°0′	75°0′	80°0′	85°0′	90°0′
5	5.0	7. 4	11.10	15.48	20.35	25.28	30.23	35.19	40.16	45.13	50.11	55. 9	60. 8	65. 9	70. 5	75. 3	80. 2	85. 1	90.0
10	10.0	11.10	14. 6	17.58	22.16	26.48	31.29	36.13	41. 2	45.44	50.44	55.36	60.30	65.24	70.19	75.14	80. 9	85. 5	90.0
15	15.0	15.48	17.58	21. 6	24.49	28.54	33.14	37.42	42.16	46.55	51.37	56.21	61. 7	65.55	70.43	75.31	80.21	85.10	90.0
20	20.0	20.35	22.16	24.49	27.59	31.37	35.32	39.40	43.57	48.22	52.50	57.53	61.58	66.36	71.15	75.55	80.37	85.18	90.0
25	25.0	25.28	26.48	28.54	31.37	34.47	38.20	42. 2	46. 2	50. 2	54.22	58.41	63. 3	67.29	71.57	76.26	80.57	85.29	90.0
30	30.0	30.23	31.29	33.14	35.32	38.20	41.25	44.49	48.26	52.14	56.10	60.13	64.20	68.32	72.46	77. 3	81.21	85.40	90.0
35	35.0	35.19	36.13	37.12	39.40	42. 4	44.49	47.51	51. 8	54.36	58.13	61.58	65.46	69.45	73.44	77.46	81.49	85.54	90.0
40	40.0	40.16	41. 2	42.16	43.57	46. 2	48.26	51. 8	54. 4	57.12	60.30	63.56	67.29	71. 7	74.49	78.34	82.21	86.10	90.0
45	45.0	45.13	45.44	46.55	48.22	50. 2	52.14	54.36	57.12	60. 0	62.58	66. 4	69.18	72.35	76. 0	79.27	82.57	86.28	90.0
50	50.0	50.11	50.44	51.37	52.50	54.22	56.10	58.13	60.30	62.58	65.36	68.22	71.15	74.14	77.18	80.25	83.35	86.47	90.0
55	55.0	55. 9	55.36	56.21	57.23	58.41	60.13	61.58	63.56	66. 4	68.22	70.45	73.20	75.58	78.41	81.28	84.17	87. 8	90.0
60	60.0	60. 8	60.30	61. 7	61.58	63. 3	64.20	65.46	67.29	69.18	71.15	73.20	75.31	77.48	80. 9	82.34	85. 1	87.30	90.0
65	65.0	65. 9	65.24	65.55	66.36	67.29	68.32	69.45	71. 7	72.37	74.14	75.58	77.48	79.43	81.41	83.45	85.47	87.53	90.0
70	70.0	70. 5	70.19	70.43	71.15	71.57	72.46	73.44	74.49	76. 0	77.18	78.41	80. 9	81.41	83.17	84.55	86.36	88.17	90.0
75	75.0	75. 3	75.14	75.31	75.55	76.26	77. 3	77.46	78.34	79.27	80.25	81.28	82.34	83.45	84.55	86.10	87.26	88.42	90.0
80	80.0	80. 2	80. 9	80.21	80.37	80.57	81.21	81.49	82.21	82.57	83.35	84.17	85. 1	85.47	86.36	87.26	88.16	89. 8	90.0
85	85.0	85. 2	85. 5	85.10	85.18	85.29	85.40	85.54	86.10	86.28	86.47	87. 8	87.30	87.53	88.17	88.42	89. 8	89.34	90.0
90	90.0	90. 0	90. 0	90. 0	90. 0	90. 0	90. 0	90. 0	90. 0	90. 0	90. 0	90. 0	90. 0	90. 0	90. 0	90. 0	90. 0	90. 0	90.0

und p seyn wird. Z. E. für $\lambda = 50°$, $p = 30°$ findet sich in der Tafel
$$\omega = 37° 0',$$
$$k = 56° 10',$$
und damit wird
$$AN = 37° 0'$$
und für den Punct M auf CN $56° 10'$ genommen.

§ 99.

Es kömmt demnach nur darauf an, nach welchem Gesetze die Grade auf CN aufgetragen werden. Macht man z. E.
$$CM = \sin k,$$
so dass alle Grade da geschrieben werden, wo ihre Sinus, von C gegen N aufgetragen, hinfallen, so erhält man die **orthographische** Entwerfung. [179] Man erhält die **stereographische**, wenn man
$$CM = \tang \tfrac{1}{2} k$$
macht. Macht man hingegen
$$CM = \tang k,$$
so kömmt die **Centralentwerfung** heraus. Da diese Entwerfungsarten bekannt sind, so habe ich zur Abänderung
$$CM = k$$
gemacht, und damit CN in 90 gleiche Theile, als so viele Grade getheilt. Man kann aus der 15ten Figur ersehen, wie die daraus fliessende Entwerfungsart ausfällt. Sie hat den Vortheil, dass auf jedem Mittags- und Breitenkreise die Grade sehr wenig ungleich sind, und dass sich diese beyden Arten von Kreisen auch nicht unter sehr schiefen Winkeln schneiden. Die

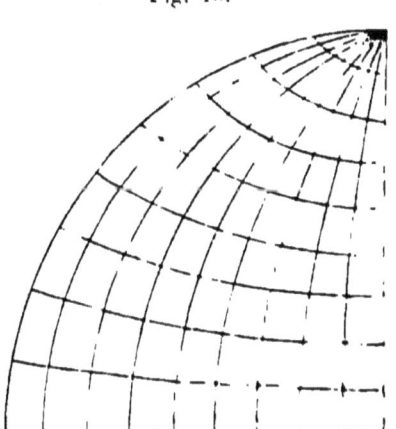

Fig. 15.

Durchschnittswinkel auf AP, CP, CA sind durchaus von 90 Graden, und die Grade sowohl auf CA als auf CP sind gleich gross, und so auch die Grade auf AP. Es hat übrigens diese Entwerfungsart weiter keine nähere Absicht, als dass man die Distanzen jeder Oerter von C auf einer gleichtheiligen Scala abmessen kann. Hingegen werden wir im folgenden sehen, dass, wenn man (s. Fig. 14 S. 56)

$$CM = \sin \tfrac{1}{2} k$$

macht, und damit auf der Regel alle Grade dahin schreibt, wo die Sinus ihrer Helften, von C [180] gegen N aufgetragen, hintreffen, die ungleich mehr bestimmte Bedingung dabey eintrifft, dass alle Länder dem Raume nach eine ihrer wahren Grösse proportionirte Grösse in der Zeichnung behalten.

IX. Entwerfungsarten der Erdfläche in Absicht auf die Grösse der Länder.

§ 100.

Bey allen bisher erwähnten Entwerfungsarten der Erdfläche kann auf die Grösse der Länder keine Rücksicht genommen werden, weil sie andern Absichten Genüge zu leisten gewidmet sind. Bey der stereographischen, und noch vielmehr bey der centralen Projection, werden die Grade von der Mitte aus grösser, und damit scheinen auch die Länder, so von der Mitte der Charte weiter wegliegen, viel grösser zu seyn, als sie wirklich sind. Bey *Mercators* Seecharten wird, was gegen die Pole liegt, unendlich gross. Hingegen bey der orthographischen Projection wird, was von der Mitte der Charte weiter weg ist, immer kleiner, und die am Rande herumliegenden Länder unendlich klein. Wenn es demnach die Frage ist, die Erdfläche so zu entwerfen, dass alle Länder ihre genaue proportionirte Grösse behalten, so muss die Entwerfungsart besonders dazu eingerichtet werden.

[181] § 101.

Dieses kann nun auf sehr vielerley Arten geschehen. Es ist aber die allgemeine Auflösung der Frage von nicht geringerer Schwierigkeit und Weitläuftigkeit, als die, wovon oben (§ 65) die Rede war. Wir können aber einige der

Anmerkg. u. Zusätze z. Entwerf. d. Land- u. Himmelschart. 61

einfacheren Fälle vornehmen, welche dadurch, dass sie bestimmter sind, weniger Schwierigkeiten haben. Der erste sey demnach derjenige, wo die Mittagskreise gerade parallele Linien sind, die den Aequator und dessen Parallelen, die ebenfalls gerade sind, rechtwinklicht durchschneiden. Dieser Fall ist sehr leicht. Denn der Aequator wird in 360 gleiche Theile als so viele Grade getheilt, die Mittagskreise sind

Fig. 16.

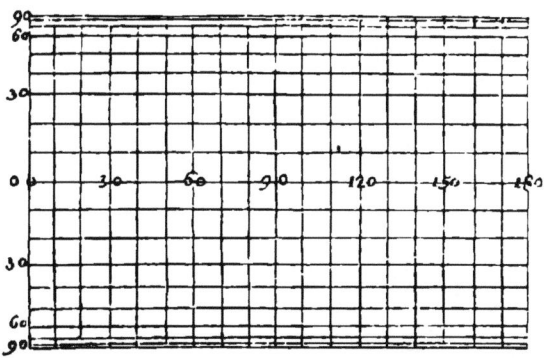

dabey gerade Linien, so den Aequator unter rechten Winkeln schneiden, und die Grade der Breite werden da geschrieben, wo die Sinus derselben, vom Aequator auf- und herunterwärts hingetragen, hinfallen. Auf diese Art stellt die 16te Figur den Raum der halben Erdfläche vor. Das ganze Verfahren gründet sich darauf, dass die Zonen der Erdfläche vom Aequator an gegen die Pole, ihrem räumlichen Inhalte nach, wie die Sinus der Breite zunehmen. Dieses macht auch, dass die Grade der Breite gegen den

Fig. 17.

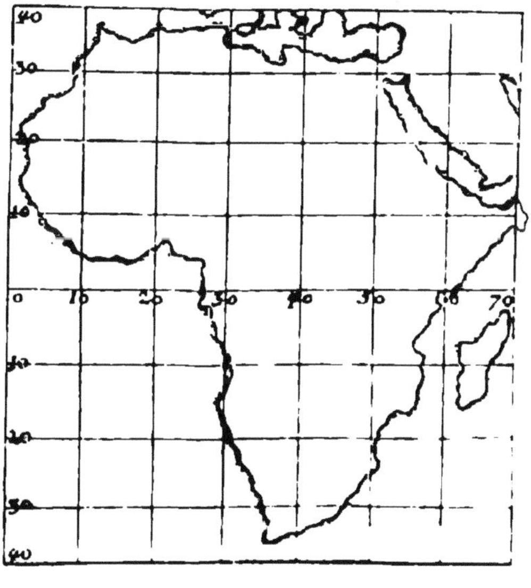

Pol zu sehr merklich kleiner, und bey dem Pol unendlich klein werden. Da indessen die ersten 30 Grade der Breite nicht sehr ungleich sind, so fällt eine Charte von Afrika, oder anderer um den Aequator herumliegender Länder noch ziemlich gut aus (s. Fig. 17).

[182] § 102.

Hingegen für solche Länder, die, wie z. E. Amerika, ihre grösste Länge von Norden nach Süden haben, ist es besser, wenn man diese Zeichnungsart dergestalt umkehrt, dass man nicht den Aequator, sondern den mittlern Mittagskreis durch eine gerade, in gleich grosse Grade eingetheilte Linie vorstellt, den Aequator hingegen nach den Sinus der Grade der Länge eintheilt. Die 18te Figur stellt Asien nach dieser Art entworfen vor. AP ist der in gleich grosse Grade getheilte Mittagskreis, so mitten durch die Charte geht. DAB ist der Aequator, von A gegen D und B nach den Sinus der Grade der Länge eingetheilt. Jeder Durchschnittspunct M wird leicht gefunden. Denn die Ordinate MR ist der Sinus der Länge oder des Winkels RPM, und PR ist ein Bogen, dessen Tangente dem

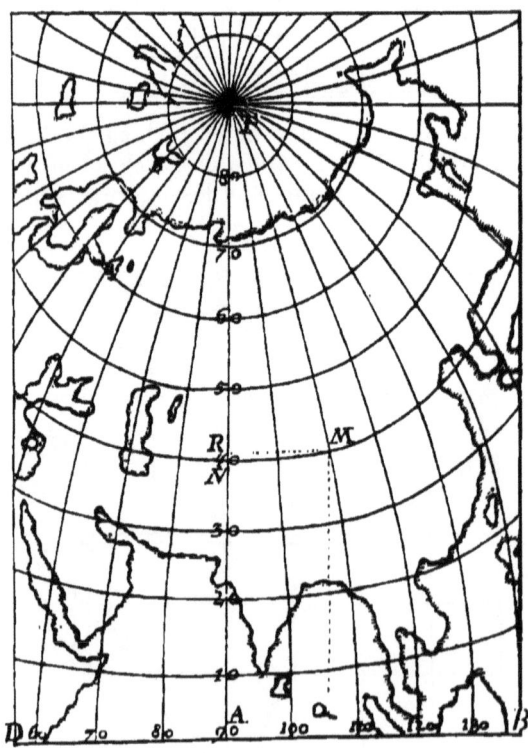

Fig. 18.

Product aus der Tangente der Aequatorshöhe PM und dem Cosinus des Winkels RPM gleich ist. Denn die Ordinate MR stellt einen grössten Circul vor, welcher den Mittagskreis PA in R senkrecht durchschneidet. Man ziehe MQ auf AB senkrecht, so finden sich in Q die Grade des Bogens AQ abgeschnitten, dessen Sinus der Linie $RM = AQ$ gleich ist. Ich habe für alle Durchschnittspuncte von 10 zu 10 Graden die Grade von AR und AQ in beyliegender Tafel (S. 64) vorgestellt, welche einen doppelten Eingang hat, und wo für jeden Punct Mp die Polhöhe, λ die Länge, von A an gerechnet, vorstellt. [183] Diese Tafel durfte nicht besonders berechnet werden, weil sie aus der vorhergehenden § 97) herausgezogen, und nur die Aufschriften verändert werden konnten.

§ 103.

Ich werde nun zu einer andern Entwerfungsart fortschreiten, wo die Mittagskreise gerade Linien sind, die sich in dem Pol unter ihren wahren Winkeln durchschneiden. Die Frage ist, sie so in Grade zu theilen, dass alle Länder das wahre Verhältniss ihrer Grösse erhalten.

§ 104.

Es seyn in der 5ten Figur (S. 25) PN, Pv zween unendlich nahe Mittagskreise, und aus dem Pol P als aus einem Mittelpunct werden zween unendlich nahe Breitenkreise $M\mu$, Nv gezogen. Für den ersten sey die Aequatorshöhe ε, für den anderen $\varepsilon + d\varepsilon$. Der Winkel NPv sey $= d\lambda$, und man setze $PM = x$, $MN = dx$. Hieraus folgt nun

$$M\mu = x d\lambda,$$

und damit ist der Inhalt von

$$MN\nu\mu = x dx \cdot d\lambda.$$

Dieser Inhalt muss dem durch dieses Räumchen vorgestellten Räumchen der Kugelfläche gleich, und demnach

$$x dx \cdot d\lambda = \sin \varepsilon \cdot d\varepsilon \cdot d\lambda$$

[184] seyn. Demnach ist

$$x dx = \sin \varepsilon \cdot d\varepsilon = - d \cos \varepsilon.$$
$$\tfrac{1}{2} xx = \text{Const.} - \cos \varepsilon.$$

Zum § 102 der Landcharten.

Die Grade AR

$\lambda=$	10	20	30	40	50	60	70	80	90
$p=10°0'$	10° 9'	10°38'	11°31'	12°58'	15°20'	19°26'	27°16'	45°26'	90°0'
20.0	20.17	21.10	22.48	25.25	29.31	36. 3	46.47	64.30	90.0
30.0	30.23	31.34	33.42	37. 0	41.56	49. 6	59.21	73.16	90.0
40.0	40.26	41.46	44. 6	47.36	52.33	59.13	67.49	78.18	90.0
50.0	50.26	51.45	54. 0	57.16	61.39	67.14	73.59	81.43	90.0
60.0	60.23	61.31	63.26	66. 9	69.38	73.54	78.50	84.16	90.0
70.0	70.17	71. 7	72.30	74.25	76.50	79.41	82.54	86.23	90.0
80.0	80. 9	80.36	81.19	82.18	83.32	84.58	86.33	88.15	90.0

Die Grade AQ

	$p=80$	70	60	50	40	30	20	10	0
$\lambda=10°$	1°14'	3°24'	4°59'	6°25'	7°39'	8°39'	9°23'	9°51'	10°0'
20	3.24	6.43	9.51	12.42	15.11	17.14	18.45	19.41	20.0
30	4.59	9.51	14.29	18.45	22.31	25.40	28. 2	29.30	30.0
40	6.25	12.42	18.45	24.24	29.30	33.50	37.10	39.16	40.0
50	7.39	15.11	22.31	29.30	35.56	41.34	46. 3	48.58	50.0
60	8.39	17.14	25.40	33.50	41.34	48.35	54.28	58.31	60.0
70	9.23	18.45	28. 2	37.10	46. 3	54.28	62. 1	67.44	70.0
80	9.51	19.41	29.30	39.16	48.58	58.31	67.44	75.54	80.0
90	10. 0	20. 0	30. 0	40. 0	50. 0	60. 0	70. 0	80. 0	90.0

Anmerkg. u. Zusätze z. Entwerf. d. Land- u. Himmelschart. 65

Nun soll $x = 0$ seyn, wenn $\epsilon = 0$ ist. Demnach wird

$$\tfrac{1}{2}xx = 1 - \cos\epsilon = 2\sin^2\tfrac{1}{2}\epsilon,$$
$$x = 2\sin\tfrac{1}{2}\epsilon.$$

Dieses ist demnach die Eintheilung der Mittagskreise, von welcher zu Ende des § 99 die Rede war. Da wir die Anwendung, die davon gemacht werden kann, daselbst bereits gewiesen haben, so können wir dieser Anwendung zufolge in der 19ten Figur die zwo Halbkugeln der Erde vorstellig

Fig. 19.

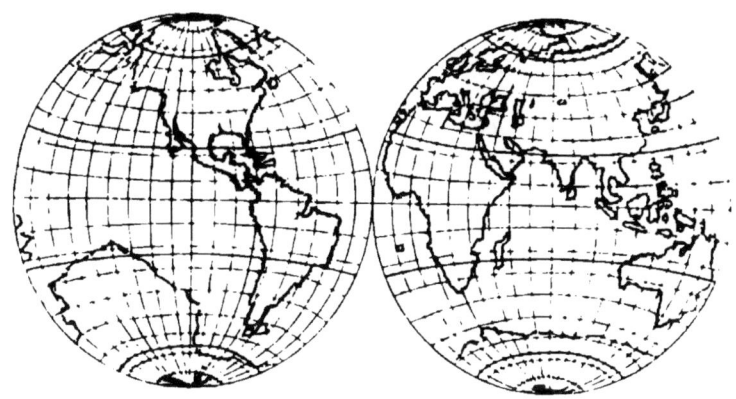

machen, wo nun die Pole nicht in der Mitte, sondern oben und unten am Rande des Kreises sind. Die Mittagskreise, sowie die Parallelkreise, sind krumme Linien, die sich vermittelst zweener Circul construiren lassen, indem ihre Ordinaten die Differenz der Ordinaten zweener Circul sind.

§ 105.

Es sey in der 14ten Figur (S. 56) alles, wie § 96, 97, so ist

$$CM = 2\sin\tfrac{1}{2}k.$$

Man ziehe die Ordinate MQ, und setze

$$QC = x,$$
$$MQ = y.$$

[185] so ist (§ 97)

66   J. H. Lambert.

Ferner
$$y : x = \tang \omega = \tang p : \sin \lambda.$$

$$x^2 + y^2 = CM^2 = 4 \sin^2 \tfrac{1}{2} k = 2 (1 - \cos k).$$

Da nun (§ cit.)
$$\cos k = \cos \lambda \cos p,$$
so ist
$$x^2 + y^2 = 2 - 2 \cos \lambda \cos p.$$

Wenn man nun aus diesen zween Gleichungen
$$y \sin \lambda = x \tang p,$$
$$x^2 + y^2 = 2 - 2 \cos \lambda \cos p$$

entweder λ oder p wegschafft, so erhält man im ersten Fall eine Gleichung zwischen x, y, p, und diese bestimmt die krumme Linie für jeden Parallelkreis, dessen Breite $= p$. Im andern Fall erhält man eine Gleichung zwischen x, y, λ, und diese bestimmt die krumme Linie für jeden Mittagskreis, der um λ Grade von C entfernt ist.

§ 106.

Die Gleichung für den ersten Fall oder für die Parallelkreise ist
$$x^2 + y^2 = 2 - 2 \cos p \sqrt{1 - \frac{xx}{yy} \cdot \tang^2 p}.$$

Und aus dieser findet man nach mehreren Reductionen
$$y = \sqrt{1 + \sin p - \tfrac{1}{4} x^2} \pm \sqrt{1 - \sin p - \tfrac{1}{4} x^2}$$

oder, wenn
$$p = 90^\circ - \varepsilon$$

[186] gesetzt wird.
$$y = \sqrt{2 \cos^2 \tfrac{1}{2} \varepsilon - \tfrac{1}{4} x^2} \pm \sqrt{2 \sin^2 \tfrac{1}{2} \varepsilon - \tfrac{1}{4} x^2}.$$

§ 107.

Für den andern Fall oder für die Mittagskreise ist die Gleichung
$$x = \sqrt{1 + \sin \lambda - \tfrac{1}{4} y^2 \, \overline{1 + \sin \lambda,}^2} \pm \sqrt{1 - \sin \lambda - \tfrac{1}{4} y^2 (1 - \sin \lambda)^2}$$

oder, wenn man
$$\lambda = 90° - L$$
setzt.
$$x = \cos^2 \tfrac{1}{2} L \cdot \sqrt{2 \sec^2 \tfrac{1}{2} L - y^2} \pm \sin^2 \tfrac{1}{2} L \cdot \sqrt{2 \csc^2 \tfrac{1}{2} L - y^2}.$$

§ 108.

Wir haben bey dem bisher betrachteten Fall § 103) angenommen, dass die Mittagskreise sich in dem Pol unter ihren wahren Winkeln schneiden. Diese Bedingung lässt sich so abändern, dass man setzt, die Winkel sollen m-mal grösser oder kleiner, als die wahren seyn. Dadurch wird nun die Gleichung (§ 104)
$$x dx \cdot d\lambda = \sin \varepsilon\, d\varepsilon \cdot d\lambda$$
in folgende:
$$m x dx \cdot d\lambda = \sin \varepsilon\, d\varepsilon \cdot d\lambda.$$
verwandelt, welche
$$m x dx = \sin \varepsilon \cdot d\varepsilon = - d \cos \varepsilon,$$
demnach
$$\tfrac{1}{2} m x x = \text{Const.} - \cos \varepsilon$$
[187] und, wenn Const. wie vorhin bestimmt wird,
$$\tfrac{1}{2} x x = \frac{1}{m}(1 - \cos \varepsilon) = \frac{2}{m} \sin^2 \tfrac{1}{2} \varepsilon.$$
demnach
$$x = 2 \sin \tfrac{1}{2} \varepsilon \sqrt{\frac{1}{m}}$$
giebt.

§ 109.

Da man hier die Wahl hat, m nach Belieben zu bestimmen, so kann eben so, wie oben (§ 56. 57), wenn man nach dieser Formel Coniglobia verfertigen will, $m = \tfrac{1}{2}$ oder $= \tfrac{1}{4}$ oder $= \tfrac{3}{8} =$ etc. genommen werden.

§ 110.

Will man sich aber der Formel bedienen, um einzelne Länder, z. E. Europa zu zeichnen, so kann m dadurch bestimmt werden, dass auf der Charte der mittlere Grad der

Breite zu dem mittleren Grad der Länge sein wahres Verhältniss habe, demnach

$$mx\,d\lambda : dx = \sin \varepsilon' \cdot d\lambda : d\varepsilon',$$
$$mx\,d\lambda \cdot d\varepsilon' = \sin \varepsilon' \cdot dx \cdot d\lambda.$$

sey. Da nun
$$x = 2 \sin \tfrac{1}{2}\varepsilon' : \sqrt{m},$$
$$dx = d\varepsilon' \cos \tfrac{1}{2}\varepsilon' : \sqrt{m},$$

so findet sich hieraus
$$m = \cos^2 \tfrac{1}{2}\varepsilon' = \frac{1+\cos\varepsilon'}{2}.$$

'188' Nimmt man nun z. E. für Europa, wie oben (§ 52),
$$\cos \varepsilon' = \tfrac{3}{4},$$
so wird
$$m = \tfrac{7}{8}.$$

und in diesem Verhältniss müssen die Grade der Länge vermindert werden. Für die Grade der Breite ist sodann

$$x = 4\sqrt{\tfrac{2}{7}} \cdot \sin \tfrac{1}{2}\varepsilon = 2{,}1\,380\,900 \sin \tfrac{1}{2}\varepsilon.$$

Fig. 20.

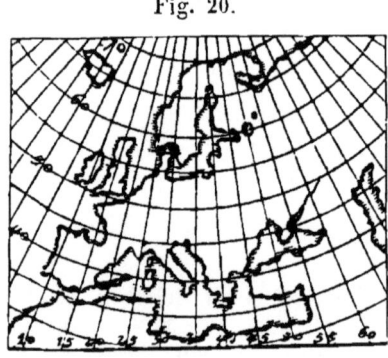

Wie die Zeichnung ausfällt, kann man aus der 20ten Figur sehen. Ich werde dabey nur noch anmerken, dass die 17te, 18te und 20te Figur nach einerley Maassstabe gezeichnet sind, und daher die drey darinn vorgestellten Welttheile in Absicht auf ihre Grösse mit einander verglichen werden können.

X. Entwerfung der sphäroidischen Erdfläche.

§ 111.

Die Erde ist überhaupt von der sphärischen Figur sehr wenig verschieden, und dieses macht auch, dass man sich bey

Entwerfung der Erdfläche nicht sehr nach ihrer abgeplatteten
Figur umsicht. Zu diesem Umstande kömmt aber noch ein
anderer, welcher erheblicher zu seyn scheint. Es geht nemlich an sich nicht an, die Erdfläche so zu entwerfen, dass
nicht die verschiedenen Theile an Grösse und Lage ungleich
189] und unähnlich werden sollten, weil eine krumme Fläche
nicht in eine Ebene ausgebreitet werden kann. Die daher
rührende Unähnlichkeit ist nun so beträchtlich, dass der
Unterschied der sphärischen und der sphäroidischen Figur der
Erde dabey ganz unmerklich wird. Soll demnach dieser
Unterschied etwas auf sich haben, so muss die Entwerfung
zu ganz besondern Absichten gewidmet und eingerichtet seyn.

§ 112.

Unter solche Absichten gehört nun der Gebrauch der
Seecharten bey der Schiffarth oben an. Man hatte auch nicht
unterlassen, die genaue Bestimmung der Figur der Erde als
etwas für die Schiffarth sehr wichtiges vorzustellen, und in
der That lohnte es sich der Mühe, zu sehen, ob die Erde
viel oder wenig abgeplattet ist. Die Verbesserung der Seecharten und die genauere Bestimmung der Richtung der Schiffe
und ihres Weges hängt schlechthin davon ab, wenn zumal
bey trübem Wetter das Schiff sicher geleitet werden soll.

§ 113.

Es kann ferner bey Specialcharten, wenn sie sehr genau
seyn sollen, ebenfalls die Frage vorkommen, dass man das
Verhältniss der Grade der Länge zu den Graden der Breite
so bestimme, wie sie bey der sphäroidischen Erdfläche wirklich stattfindet. Man kann endlich auch bey Entwerfung
grösserer Länder, ganzer Welttheile [190] oder selbst der
ganzen Erdfläche sich vorsetzen, das wahre Verhältniss bemeldter Grade dabey zu Grunde zu legen. Und sollte es
sich finden, dass die Sache nicht mehr Arbeit fordert, als die
Entwerfung der sphärischen Fläche, so ist offenbar, dass man
sich eben so gut an die wahre Figur der Erde wird halten
können. Durch diese Betrachtungen wird also bestimmt,
wohin wir unser Augenmerk zu richten haben.

§ 114.

Wir werden uns vors erste um das Verhältniss der Grade der Länge zu den Graden der Breite umzusehen haben, weil sich sodann das meiste aus den vorhergehenden Abschnitten ohne Mühe auf die Entwerfung der sphäroidischen Erdfläche wird anwenden lassen. Es sey demnach $AC = CB$, der Halbmesser des Aequators, $= 1$, $PC = b$ die halbe Erdaxe, und APB stelle einen Mittagskreis der Erde vor, den wir als eine Ellipse ansehen. Die Eccentricität sey $= e = \sqrt{1 - bb}$. Ferner sey M ein beliebiger Punct des Mittagskreises, MQ auf dem Aequator, MR auf der Axe senkrecht, und MT eine Tangente; so ist der Winkel TMQ, den wir $= p$ setzen, der Polhöhe des Puncts M gleich. Man mache ferner

$$CQ = MR = x,$$
$$MQ = CR = y$$

und den Bogen

$$AM = v,$$

[191] so findet man aus der Natur der Ellipse

$$x = \frac{1}{\sqrt{1 + b^2 \cdot \tang^2 p}}.$$

Nun ist $x = MR$ der Halbmesser des Parallelkreises, in welchem der Punct M liegt. Setzt man nun zween Mittagskreise, deren Unterschied der Länge dem Differential $d\lambda$ gleich ist, so ist $x\,d\lambda = d\lambda : \sqrt{1 + b^2 \cdot \tang^2 p}$ der durch diese Mittagskreise abgeschnittene Theil des durch M gehenden Parallelkreises. Nennen wir diesen Theil $= dw$, so haben wir

$$dw = x\,d\lambda = \frac{d\lambda}{\sqrt{1 + b^2 \cdot \tang^2 p}}.$$

§ 115.

Ferner findet man aus der Natur der Ellipse das Element des Bogens v

$$dv = \text{cosec } p \, dx.$$

Da nun

$$dx = \frac{b^2 \cdot \text{tang } p \cdot d \text{ tang } p}{(1 + b^2 \cdot \text{tang}^2 p)^{3:2}}$$

gefunden wird, so ist

$$dv = \frac{b^2 \cdot \text{cosec } p \cdot \text{tang } p \cdot d \text{ tang } p}{(1 + b^2 \cdot \text{tang}^2 p)^{3:2}}.$$

§ 116.

Hieraus folgt nun

$$dv : dw = \frac{b^2 \cdot \text{cosec } p \cdot \text{tang } p \cdot d\text{tang } p}{(1 + b^2 \cdot \text{tang}^2 p)^{3:2}} : \frac{d\lambda}{\sqrt{1 + b^2 \cdot \text{tang}^2 p}}$$

[192] oder nach allen Reductionen

$$dv : dw = b^2 dp : \cos p \, (1 - e^2 \sin^2 p) \, d\lambda.$$

Dieses ist demnach das Verhältniss, das eigentlich zu suchen war. Wir werden dasselbe nun auf einige Entwerfungsarten anwenden.

§ 117.

Bey den Seecharten werden sowohl die Mittagskreise als die Parallelkreise durch gerade, einander senkrecht durchschneidende Linien vorgestellt, und die Grade des Aequators sind durchaus von gleicher Grösse sowohl unter sich als mit den Graden jeder Parallelkreise. Dabey ist demnach

$$dw = d\lambda.$$

und demnach

$$dv = \frac{b^2 dp}{\cos p \, (1 - e^2 \sin^2 p)}.$$

Hier stellt nun v nicht mehr den elliptischen Bogen AM, sondern dessen Projection auf der Charte vor. Wird diese Formel integrirt, so ist

J. H. Lambert.

oder
$$v = \tfrac{1}{2} \log \left(\frac{1+\sin p}{1-\sin p}\right) - \tfrac{1}{2} e \log \left(\frac{1+e\sin p}{1-e\sin p}\right)$$

oder
$$v = \log \tang (45° + \tfrac{1}{2} p) - \tfrac{1}{2} e \log \left(\frac{1+e\sin p}{1-e\sin p}\right)$$

oder
$$v = \log\tang(45°+\tfrac{1}{2}p) - e^2 \sin p - \tfrac{1}{3} e^4 \sin^3 p - \tfrac{1}{5} e^6 \sin^5 p - \text{etc.}$$

[193] In dieser Formel bleibt das erste Glied allein, wenn $e = 0$, demnach die Erde als eine Kugel angenommen wird. Man sieht demnach, wie sich die Grade der Breite bey der Entwerfung der sphäroidischen Erdfläche verkürzen. Setzt man Kürze halber

$$e \sin p = \sin \varphi,$$

so erhält man

$$v = \log \tang (45° + \tfrac{1}{2} p) - e \log \tang (45° + \tfrac{1}{2} \varphi).$$

Der Erfolg ist nun überhaupt der, dass die Richtung des Schiffes auf der sphäroidischen Erdfläche mit dem Aequator oder dessen Parallelkreisen etwas kleinere Winkel macht, als auf der sphärischen Erdfläche. So z. E. wenn das Schiff auf letzterer unter einem Winkel von 45° vom Aequator gegen Norden oder Süden fährt, so wird dieser Winkel auf der sphäroidischen Erdfläche um etwa 15 Minuten kleiner, wenn es in beyden Fällen sowohl der Länge als der Breite nach um einen Grad fortrücken soll. Auf der sphäroidischen Erdfläche sind ferner die Grade der Breite von ungleicher Grösse, und so muss auch diese Ungleichheit in Rechnung gebracht werden, wenn man alles genau bestimmt haben will. Folgende Tabelle ist nach den erst gefundenen Formeln berechnet.

[194]

p	$\log \tang (45°+\tfrac{1}{2}p)$	$e \log \tang (45°+\tfrac{1}{2}\varphi)$	v
5	0,0 873 773	0,0 007 560	0,0 866 213
10	0,1 754 259	0,0 015 068	0,1 739 191
15	0,2 648 420	0,0 022 461	0,2 625 959
20	0,3 563 785	0,0 029 686	0,3 534 099
25	0,4 508 754	0,0 036 688	0,4 472 066
30	0,5 493 061	0,0 043 414	0,5 449 647

Anmerkg. u. Zusätze z. Entwerf. d. Land- u. Himmelschart

p	log tang $45°+\frac{1}{2}p$	e log tang $45°+\frac{1}{2}q$	r
35	0,6 528 365	0,0 019 814	0,6 178 551
40	0,7 629 098	0,0 055 839	0,7 573 259
45	0,8 813 736	0,0 061 442	0,8 752 294
50	1,0 106 831	0,0 066 579	1,0 040 252
55	1,1 542 346	0,0 071 217	1,1 471 134
60	1,3 169 578	0,0 075 305	1,3 094 273
65	1,5 064 543	0,0 078 825	1,4 985 718
70	1,7 354 151	0,0 081 742	1,7 272 409
75	2,0 275 894	0,0 084 036	2,0 191 848
80	2,4 362 460	0,0 085 688	2,4 276 772
85	3,1 312 900	0,0 086 685	3,1 226 315
90	infinit.	0,0 087 019	infinit.

In dieser Tabelle habe ich eben so wie in der vorhergehenden Abhandlung

$$b = \frac{229}{230}$$

und demnach

$$e = 0,0\ 931\ 490,$$
$$e^2 = 0,0\ 086\ 767,$$
$$e^4 = 0,0\ 000\ 753,$$
$$e^6 = 0,0\ 000\ 006$$

195] angenommen. Der Halbmesser des Aequators ist dabey $= 1$, und demnach ein jeder Grad des Aequators $= 0,0\ 174\ 533$.

§ 118.

Wird diese Tabelle bis auf alle einzelnen Grade oder vollends bis auf alle 10 Minuten erweitert, und die in vorhergehender Abhandlung gegebene Tafel von der Länge der Grade in Klaftern mit dazu genommen, so lassen sich die bey der Leitung eines Schiffes vorfallende Aufgaben leicht auflösen. Ich werde ein einziges Beyspiel davon geben. Ein Schiff kömmt aus dem Parallelkreise des 30sten Grades in den Parallelkreis des 40sten nach einer schiefen Richtung, so dass es zugleich 10 Grade der Länge zurückgelegt hat. Es soll die Länge des Weges bestimmt werden, wenn man setzt, die Richtung seines Laufes sey immer dieselbe gewesen. Nun sind nach der Tabelle der vorhergehenden Abhandlung

vom Pol bis zum 40ten Grad . . . 2 865 489 Klafter
» » » » 30ten » . . 3 435 205 »

Unterschied 569 716 Klafter

Ferner nach erstgegebener Tabelle (§ 117)

vom Aequator bis zum 40ten Grad 0,7 573 259
» » » » 30ten » 0,5 449 647

Unterschied 0,2 123 612.

[196] Endlich sind auf dem Aequator 10 Grade = 0,1 745 329. Man mache nun

$$0{,}2\,123\,612 : 0{,}1\,745\,329 = 1 : 0{,}8\,218\,681,$$

so ist 0,8 218 681 die Tangente des Winkels, so der Lauf des Schiffes mit dem Mittagskreise macht. Daraus findet sich die Secante dieses Winkels = 1,2 943 964, und mit dieser müssen die 569 716 Klafter multiplicirt werden. Das Product 739 013 Klafter giebt die gesuchte Länge des Weges.

§ 119.

Wir werden nun zu dem § 48 zurückkehren, und die daselbst angegebene Entwerfungsart auf die sphäroidische Figur der Erde anwenden. Es sey demnach, wie dort,

$$PM = x,$$
$$MN = dx,$$
$$MP\mu = m\,d\lambda.$$

so muss (nach § 116)

$$MN : M\mu = b^2 dp : \cos p\,(1 - e^2 \sin^2 p)\,d\lambda.$$

seyn. Nun ist

$$MN = dx,$$
$$M\mu = x\,m\,d\lambda.$$

demnach

$$dx : x\,m\,d\lambda = -b^2\,dp : \cos p\,(1 - e^2 \sin^2 p)\,d\lambda,$$

woraus folgt

$$-\frac{dx}{mx} = \frac{b^2 \cdot dp}{\cos p\,(1 - e^2 \sin^2 p)}$$

[197] und, wenn man integrirt, eben so, wie vorhin § 117,

$$\frac{1}{m} \log \frac{1}{x} = \log \tan g \, (45^\circ + \tfrac{1}{2} p) - e \log \tan g \, 45^\circ + \tfrac{1}{2} q$$

oder noch kürzer

$$\frac{1}{m} \log \frac{1}{x} = r.$$

Demnach lässt sich x vermittelst der letzten Columne der im § 117 gegebenen Tabelle leicht bestimmen, weil

$$- \log x = m \, r$$

ist. Es müssen aber bey dieser Formel hyperbolische Logarithmen verstanden werden.

§ 120.

Der Werth von m lässt sich eben so, wie oben § 18 folgg.) auf mehrere Arten bestimmen. Setzt man z. E.

$$m = 1,$$

so erhält man die Projectionsart, wo die Winkel im Pole ihre wahre Grösse behalten.

§ 121.

Man kann aber ebenfalls, wie im § 51, den Werth von m so bestimmen, dass in der Projection nicht nur $M \mu$, sondern auch $N \nu$ zu MN das Verhältniss haben, welches auf der sphäroidischen Erdfläche bey einer gegebenen Polhöhe P wirklich stattfindet. Es ist demnach

$$[198] \quad \frac{M \mu}{MN} = \frac{m \, x \, d\lambda}{d x} = - \frac{\cos p \, 1 - e^2 \sin^2 p \, d\lambda}{b^2 \, d p}$$

$$\frac{N \nu}{MN} = \frac{m \, (x + dx) \, d\lambda}{d x}$$

$$= - \frac{d\lambda . (\cos p - \sin p \, dp . (1 - e^2 \sin^2 p - 2 \, e^2 \sin p \cos p \, dp)}{b^2 \, d p}$$

Wird die erste dieser Gleichungen von der zweyten abgezogen, so findet sich nach allen Reductionen

$$m = \sin p - e^2 \sin p (1 - 3\cos^2 p).$$

Demnach, wenn für p die gegebene Polhöhe P gesetzt wird,
$$m = \sin P - e^2 \sin P (1 - 3\cos^2 P).$$
Der Gebrauch hievon ist, wie oben § 51, 52.

§ 122.

Die im 5ten Abschnitte (§ 58 folgg.) angegebene Entwerfungsart lässt sich ebenfalls in ihrer ganzen Allgemeinheit auf die elliptische Figur der Erde anwenden. Es ist weiter nichts nöthig, als dass man im § 61 anstatt
$$NR : Rr = \lambda \sin \varepsilon : d\varepsilon$$
nach dem § 116
$$NR : Rr = \lambda \cos p (1 - e^2 \sin^2 p) : b^2 dp,$$
demnach (§ 61)
$$\tfrac{1}{2} m\lambda (1 - xx) : dx = \lambda \cos p \, 1 - e^2 \sin^2 p) : b^2 dp$$
[199] setze, woraus man
$$\frac{2\,dx}{m(1-xx)} = \frac{b^2\,dp}{\cos p (1 - e^2 \sin^2 p)}$$
und durch die Integration (§ 117)
$$\frac{1}{m} \log \frac{1+x}{1-x} = v$$
erhält, so dass die Zahlen der dritten Columne im § 117 auch hier gebraucht werden können.

§ 123.

Vermittelst dieser Formel lässt sich nun die sphäroidische Erdfläche auf mehrere Arten dergestalt entwerfen, dass die Mittagskreise und Parallelkreise Circulbogen sind, dass diese sich durchaus unter rechten Winkeln schneiden, und die Grade der Länge und der Breite dasjenige Verhältniss haben, das auf der sphäroidischen Erdfläche wirklich stattfindet, und dass endlich dabey alle Winkel ihre wahre Grösse behalten. Macht man hiebey $m = \tfrac{1}{2}$, so erhält man eine der 11ten Figur durchaus ähnliche Entwerfung der sphäroidischen Erdfläche.

Anmerkungen.

I.
Allgemeines.

Ueber den Lebensgang *Johann Heinrich Lambert's* und seine wichtigsten Schriften ist in Heft 33 von Ostwald's Klassikern „Lambert's Photometrie, Heft 3 S. 51 ff. ausführlich berichtet. Dem dort Gesagten mögen hier nur noch die Titel einiger Schriften über *Lambert* hinzugefügt werden.

Eberhard: Biographische Notiz über *Lambert*. Der Aufsatz, der *Lambert's* nachgelassenem Werke »Pyrometrie oder vom Maasse des Feuers und der Wärme« Berlin 1779, herausgegeben von *Jean Bernoulli*, beigegeben ist, enthält eine treffliche Charakterschilderung *Lambert's* und geht ausserdem auf seine philosophischen Forschungen näher ein.

Matthias Graf: *J. H. Lambert's* Leben, Mühlhausen 1829.

Rudolf Wolf: Biographien zur Culturgeschichte der Schweiz, dritter Cyklus, Zürich 1860, S. 317—356.

Joh. Lepsius: *J. H. Lambert*. Eine Darstellung seiner kosmologischen und philosophischen Leistungen. München 1881. —

Die hier abgedruckte Abhandlung *Lambert's* ist dem Werke entnommen, dessen vollständiger Titel lautet:

Beyträge
zum Gebrauche
der
MATHEMATIK
und
deren Anwendung
durch
J. H. Lambert.
Mit Kupfern und Tafeln.

Dritter Theil.
Berlin,
im Verlage der Buchhandlung der Realschule.
1772.

Anmerkungen.

(Die beiden ersten Theile des Werkes sind 1765 und 1770 erschienen).

Die Anmerkungen und Zusätze zur Entwerfung der Land- und Himmelscharten bilden die sechste von den neun Abhandlungen des dritten Theiles der »Beyträge« und umfassen die Seiten 105—199 des genannten Theiles. Der vorliegende Abdruck giebt das Original wörtlich wieder mit Beibehaltung der Orthographie desselben. Nur einige falsche Redewendungen, wie der Gebrauch des Wortes »Verhältniss« als Femininum, wurden geändert, einige offenbare Druckfehler verbessert. Die Formeln wurden übersichtlicher als im Original gesetzt, die dem Original auf besonderen Tafeln beigegebenen Figuren in den Text aufgenommen. Dabei sind die Figuren 11 (S. 34) und 19 (S. 65) verkleinert, alle übrigen sind in der Originalgrösse wiedergegeben.

Die Bedeutung der *Lambert*'schen Arbeit beruht hauptsächlich darauf, dass in ihr die ersten allgemeinen Untersuchungen über Kartenprojection angestellt sind. Während sich seine Vorgänger auf die Untersuchung einzelner Entwerfungsarten, besonders der perspectivischen, beschränkten, betrachtete *Lambert* die Aufgabe der Abbildung einer Kugel auf eine Ebene von einem höheren Gesichtspunkte aus und stellte zuerst gewisse allgemeine Forderungen auf, welche die Abbildung zu erfüllen habe: insbesondere die Forderung der Winkeltreue oder Conformität, andererseits die (mit der vorigen nicht vereinbare) Forderung der Flächentreue oder Acquivalenz. Hat *Lambert* die Theorien beider Abbildungsarten, deren erstere für die reine Mathematik, die beide ferner für die Kartographie von höchster Wichtigkeit geworden sind, auch nicht vollständig entwickelt, so hat er doch die Ideen derselben zum ersten Male klar ausgesprochen. Mit Recht kann man daher, wie es *Zöppritz* in seinem Leitfaden der Kartenentwurfslehre (Leipzig 1884) thut, von *Lambert*'s Arbeit den Beginn der neueren Epoche der Projectionslehre datiren. Aber nicht nur wegen der Aufstellung jener allgemeinen Gesichtspunkte sind die »Anmerkungen und Zusätze« von Interesse, sondern auch hinsichtlich der Resultate, zu denen *Lambert* gelangt ist. Ist es ihm doch gelungen, mehrere neue Entwerfungsarten von Karten zu finden, die noch heute bei den Kartographen in Gebrauch sind. Endlich ist auch die Art und Weise, wie *Lambert* seine Probleme angreift und durchführt, äusserst lehrreich.

II.

Die stereographische und die Mercator'sche Projection.

Beide Projectionen werden an mehreren Stellen des Textes als bekannt vorausgesetzt. Es wird deshalb zweckmässig sein, die wichtigsten Formeln derselben sowie ihre Haupteigenschaften kurz zu entwickeln.

1. Die stereographische Projection gehört zu den perspectivischen Abbildungen der Kugel. Bei derselben liegt der Augenpunkt in einem Punkte der Kugeloberfläche; von diesem Punkte aus werden die Punkte der Kugel auf eine Ebene projicirt, die senkrecht steht auf dem nach dem Augenpunkte gehenden Kugelradius.

a) Liegt der Augenpunkt in einem Pole, so heisst die Projection stereographische Polarprojection; die Projectionsebene ist dem Aequator parallel. Hier möge der Aequator selbst zur Projectionsebene gewählt werden. Zur Ableitung der Formeln für diese Projection knüpfen wir an Fig. 5 S. 17 an. Der Augenpunkt liege im Pole p; der Anfangsmeridian sei $PNEp$. Ein Punkt M der Kugel habe die Breite p und die Länge λ; pM schneide die Ebene des Aequators in m, so ist m der dem Punkte M entsprechende Punkt der Karte. Der Kugelradius sei $= 1$. Dann ist Winkel $PCM = 90° - p$. $PpM = 45° - \frac{1}{2}p$. Die Betrachtung des rechtwinkligen Dreiecks pCm ergiebt

1) $$Cm = \varrho = \operatorname{tang}\left(45° - \frac{1}{2}p\right);$$

ferner ist Winkel $mCn = \lambda$. Nun sind aber $Cm = \varrho$ und Winkel mCn die Polarcoordinaten von m; die rechtwinkligen Coordinaten von m sind somit

2) $$x = \operatorname{tang}\left(45° - \frac{1}{2}p\right)\cos\lambda.$$

$$y = \operatorname{tang}\left(45° - \frac{1}{2}p\right)\sin\lambda.$$

b) Um die allgemeinsten Formeln der stereographischen Projection zu erhalten, hat man nur an Stelle des Poles p einen beliebigen anderen Punkt x der Kugelfläche, an Stelle von P den Punkt X der Kugel zu nehmen, der mit x auf demselben Durchmesser liegt. Man denke sich ein System von Polarcoordinaten auf der Kugel, das den Punkt X zum Pole hat, und bezeichne mit u den sphärischen Abstand XM, mit v den Winkel, den der Hauptkreis XM mit XP bildet. Ferner denke man in der Projectionsebene, die jetzt die durch den Kugelmittelpunkt C gehende, auf Xx senkrechte Ebene ist, ein System rechtwinkliger Coordinaten $x'y'$, das C zum Anfangspunkte und die Projection von XP zur x'-Axe hat. Dann bestehen zwischen x', y', u, v dieselben Gleichungen wie vorher zwischen x, y, $90° - p$, λ; d. h. es ist

$$3) \qquad x' = \tang \frac{u}{2} \cos v, \quad y' = \tang \frac{u}{2} \sin v.$$

Will man u und v durch die Länge λ und die Breite p von M ausdrücken, so hat man das sphärische Dreieck XMP zu betrachten und aus $PM = 90° - p$, $PX = 90° - p_0$, sowie Winkel $XPM = \lambda - \lambda_0$ [λ_0 und p_0 sind Länge und Breite von X] die Seite $XM = u$ und den Winkel $PXM = v$ zu berechnen.

Liegt der Punkt X auf dem Aequator, ein Fall, welcher der stereographischen Aequatorialprojection entspricht, so ist $p_0 = 0$, daher

$$\cos u = \cos p \cos (\lambda - \lambda_0), \quad \tang v = \sin (\lambda - \lambda_0) \cotg p.$$

Berechnet man hieraus $\tang \frac{u}{2}$, sowie $\sin v$ und $\cos v$, so gehen die Gleichungen 3) in folgende über:

$$4) \quad x' = \frac{\sin p}{1 + \cos p \cos (\lambda - \lambda_0)}, \quad y' = \frac{\cos p \sin (\lambda - \lambda_0)}{1 + \cos p \cos (\lambda - \lambda_0)}.$$

Die Formeln 4) sind die in § 72 (S. 39) benutzten, nur dass dort $\lambda_0 = 0$ gesetzt und x' mit y' vertauscht ist.

c Aus den Formeln 1) und 2) ergeben sich die Haupteigenschaften der stereographischen Projection folgendermaassen.

Es seien X, Y, Z rechtwinklige Coordinaten im Raume, und zwar falle die Axe Z in CP, die Axe X in CE (Fig. 5 S. 17). Dann wird ein beliebiger Kugelkreis durch die Gleichungen

$$5) \quad X^2 + Y^2 + Z^2 = 1, \quad AX + BY + CZ = D$$

Anmerkungen.

dargestellt. Ferner ist, wenn wieder λ und p Länge und Breite eines beliebigen Punktes der Kugel sind,

6) $X = \cos p \cos \lambda$, $Y = \cos p \sin \lambda$, $Z = \sin p$.

Durch die Ausdrücke 6) wird der ersten Gleichung 5) genügt. Demgemäss wird ein beliebiger Kugelkreis dargestellt durch die Gleichung

7) $A \cos p \cos \lambda + B \cos p \sin \lambda + C \sin p = D$,

und dieser kann man die Form geben:

7ª) $2A \tang \left(45^0 - \frac{1}{2}p\right) \cos \lambda + 2B \tang \left(45^0 - \frac{1}{2}p\right) \sin \lambda$

$+ C\left[1 - \tang^2\left(45^0 - \frac{1}{2}p\right)\right] = D\left[1 + \tang^2\left(45^0 - \frac{1}{2}p\right)\right]$.

Drückt man mittelst der Gleichungen 2) p und λ durch x und y aus, so erhält man:

8) $2Ax + 2By + C(1 - x^2 - y^2) = D(1 + x^2 + y^2)$;

d. h. jeder beliebige Kugelkreis wird bei der stereographischen Projection durch einen Kreis dargestellt. Für die Meridiane der Kugel ist $C = 0$, $D = 0$; daher gehen diese in gerade, durch den Anfangspunkt der Coordinaten gehende Linien über. Für die Parallelkreise ist $A = 0$, $B = 0$; daher gehen diese in concentrische Kreise über, die den Anfangspunkt der Coordinaten zum Mittelpunkt haben. Die eben erörterte Eigenschaft lässt sich auch rein geometrisch ableiten; vgl. die Abhandlung von *Lagrange* in Heft 55 der Klassiker (S. 5).

d) Um die zweite Haupteigenschaft der stereographischen Projection abzuleiten, betrachte man das Bogenelement $d\sigma$ einer beliebigen Curve auf der Kugel. M sei ein Punkt von $d\sigma$, ferner seien $\cos p\, d\lambda$ und dp die Projectionen von $d\sigma$ auf den durch M gehenden Parallelkreis und den durch M gehenden Meridian. Dann gilt für den Winkel ϑ, den $d\sigma$ mit dem Meridian bildet, die Gleichung

$$\tang \vartheta = \frac{\cos p\, d\lambda}{dp}.$$

Bei der stereographischen Abbildung der Kugel gehe $d\sigma$ in das Bogenelement ds der Ebene xy, M in m über. Der

Meridian von M geht dabei in die Gerade über, welche m mit dem Anfangspunkte der x, y verbindet; der durch M gehende Parallelkreis geht in einen Kreis über, der um den Anfangspunkt der x, y beschrieben ist und durch m geht. Der Radius dieses Kreises sei ϱ, und φ sei der Winkel, welchen der nach m gezogene Radius mit der x-Axe bildet. Dann sind $d\varrho$ und $\varrho\, d\varphi$ die Projectionen von ds auf ϱ und auf den durch m gehenden Kreis; und daher gilt für den Winkel ϑ', den ds mit ϱ bildet, die Gleichung

$$\operatorname{tang} \vartheta' = \frac{\varrho\, d\varphi}{d\varrho}.$$

Nach 1) ist aber

$$\varrho = \operatorname{tang}\left(45° - \frac{1}{2} p\right), \quad \varphi = \lambda,$$

daher ist

$$\frac{d\varrho}{\varrho} = \frac{dp}{\cos p}, \quad d\varphi = d\lambda,$$

mithin

$$\operatorname{tang} \vartheta' = \operatorname{tang} \vartheta, \quad \vartheta' = \vartheta;$$

d. h. der Winkel, unter welchem irgend eine auf der Kugel liegende Curve einen Meridian schneidet, bleibt bei der stereographischen Projection ungeändert. Dasselbe gilt somit auch von dem Winkel, unter welchem sich zwei beliebige auf der Kugel gezogene Curven schneiden.

2. Bei der *Mercator*'schen *Projection* werden die Meridiane durch parallele Gerade, die Parallelkreise durch eine andere Schaar von Geraden dargestellt, welch letztere die Meridiane senkrecht schneiden. Das Princip der Projection ist das, dass in jedem Punkte der Karte die Bogenelemente des durch den Punkt gehenden Meridians und Parallelkreises dasselbe Verhältniss haben wie die entsprechenden Bogenelemente der Kugel. Fällt der Aequator mit der x-Axe zusammen, während die Meridiane der y-Axe parallel sind, so ist für einen Punkt m der Karte mit den Coordinaten x, y ein Bogenelement des Meridians $= dy$, ein Element des Parallelkreises $= dx$. Entspricht dem Punkte m der Karte der Punkt M der Kugel, dessen Länge und Breite λ und p sind, so sind die den Elementen dx, dy entsprechenden Bogenelemente der Kugel resp.

$d\sigma_1 = \cos p\, d\lambda$, $d\sigma_2 = dp$. Nach dem oben angegebenen Princip soll

$$\frac{dy}{dx} = \frac{d\sigma_2}{d\sigma_1} = \frac{dp}{\cos p\, d\lambda}$$

sein. Nun wird der Aequator der Karte in gleiche Theile getheilt, die gleichen Längenunterschieden entsprechen. Der Abstand zweier Meridiane, deren Längenunterschied λ, ist daher überall $m\lambda$, wo m eine Constante ist. Mithin ist auch

$$dx = m\, d\lambda.$$

Daher folgt aus der vorhergehenden Gleichung

$$dy = m\frac{dp}{\cos p}.$$

und hieraus ergiebt sich durch Integration, wenn log den natürlichen Logarithmus bezeichnet,

$$y = m \log \tang\,(45° + \tfrac{1}{2}p) + c.$$

Da der Aequator in die x-Axe fällt, so ist für $p = 0$ auch $y = 0$. daher $c = 0$. Die Formeln für die *Mercator*'sche Projection sind also

$$x = m\lambda,\quad y = m \log \tang\,45° + \tfrac{1}{2}p.$$

Ist ferner ds der Bogen, welcher die Endpunkte von dx und dy verbindet, $d\sigma$ der Bogen, welcher die Endpunkte von $d\sigma_1$ und $d\sigma_2$ verbindet, so sind ds und $d\sigma$ entsprechende Bogen der Karte und der Erde. Ferner ist das von dx, dy, ds gebildete Elementar-Dreieck dem von $d\sigma_1$, $d\sigma_2$, $d\sigma$ gebildeten ähnlich, da $dy : dx = d\sigma_2 : d\sigma_1$ und die eingeschlossenen Winkel als rechte Winkel gleich sind. Mithin ist der Winkel, den $d\sigma$ mit dem Meridian der Kugel bildet, gleich dem Winkel, den ds mit dem Meridian der Karte bildet. Das ist eine Eigenschaft, die auch der stereographischen Projection zukam.

III.

Specielle Noten zum Text.

§ 4. Colurus solstitiorum ist der durch die Himmelspole und die Solstitialpunkte gelegte grösste Kreis; entsprechend ist Kolur der Aequinoctien der durch die Aequinoctialpunkte gehende Stundenkreis. Das Wort Kolur ist nach *Heis* von κολούειν abzuleiten und bedeutet »Verstümmler«. Der erste der genannten Kreise trennt nämlich den Schweif des kleinen, der zweite den des grossen Bären vom Körper.

§ 5. *Karsten, Wenceslaus Johann Gustav* (1732—1787) lehrte an den Universitäten Rostock, Bützow in Mecklenburg und Halle. Die hier citirte Arbeit (Abhandlungen der Churfürstl. baier. Akademie der Wissenschaften, Band V, München 1768) führt den Titel: »Theorie von den Projectionen der Kugel zum astronomischen und geographischen Gebrauch.« Sie ist aus dem Jahre 1766 datirt. —

Bei der Erwähnung der stereographischen Projection fehlt die Angabe der Projectionsebene (vergl. S. 79).

§ 6. *Hase, Johann Matthias* (1684—1742), Prof. in Wittenberg, galt für einen der hervorragendsten Köpfe seiner Zeit und glänzte vor Allem als Geograph und Geschichtsforscher. Er verfertigte historische Karten, die von *Homann* gesammelt und 1750 zu Nürnberg herausgegeben sind.

Varenius (Bernhard Varen), geb. 1622 zu Hitzacker an der Elbe, gest. 1670 zu Amsterdam, war Geograph und Arzt. Am bedeutendsten von seinen Schriften ist seine Geographia generalis, 1650, deren erster Theil die mathematische Geographie behandelt.

Kästner. Abraham Gotthelf, 1719 zu Leipzig geb., starb 1800 zu Göttingen. Der genaue Titel der in Text angeführten Schrift lautet: Dissertationes mathem. et phys., quas Societ. regiae Scient. Gotting. annis 1756—1766 exhibuit, Altenburg 1771.

Graf v. Redern (1720—1789) war Ehrenmitglied der Berliner Akademie. Die angeführten Karten sind 1762 in Berlin erschienen.

§ 7. *Doppelmayr, Johann Gabriel*, geb. 1671 in Nürnberg, gest. daselbst 1750. Seine Himmelskarten führen den Titel: Atlas coelestis, in quo XXX. tabul. astron. aeri incisae continentur, Nürnberg 1742. *Doppelmayr* (*Lambert*'s Schreibart *Doppelmayer* ist falsch) gab ausserdem eine Anweisung zur Beschreibung grosser Sonnenuhren heraus (1719). Am bekanntesten ist sein aus gründlichen Quellenstudien hervorgegangenes Werk: »Historische Nachricht von den Nürnbergischen Mathematicis und Künstlern« (Nürnberg 1730).

§ 8. *Richmann, Georg Wilhelm*, 1711—1753, Mathematiker und Physiker, wurde bei Anstellung von Versuchen

Anmerkungen. 58

über die Gewitterelektricität vom Blitze erschlagen. — Der 13. Band der Petersburger Commentarien, für 1741 - 1743, ist erst 1751 erschienen.

§ 9. *Mercator (Gerhard Kremer)*, 1512 zu Rupelmonde in Flandern geb., 1594 zu Duisburg gestorben, der Reformator der Kartographie, ist der Erfinder der nach ihm benannten Projectionsart, nach welcher er 1569 Seekarten herausgab, ohne jedoch das Princip zu veröffentlichen. Näheres über *Mercator* findet man in der Schrift von *Breusing*: »*Gerhard Kremer*, genannt *Mercator*, der deutsche Geograph«. Ein Vortrag, 2. Ausgabe, Duisburg 1878.

Bellin, verdienter Geograph und Kartenzeichner, geb. 1703 zu Paris, gest. daselbst 1772. Er gab viele Karten heraus.

§ 10. *Lowitz* (nicht *Lowiz*), Astronom und Physiker, 1722—1774, war zuerst Kartograph, dann Prof. der Math. zu Nürnberg, Göttingen und Petersburg. Er wurde bei der Vermessung der Wolgagegend von aufständischen Kosaken getödtet.

Die im Text erwähnte kosmographische Gesellschaft hatte ihren Sitz in Nürnberg.

§ 15. S. 10 Z. 4 steht im Original fälschlich B statt P.

§ 23. Die Richtigkeit der beiden Proportionen ergiebt sich leicht aus den Formeln für x, y, z (§ 19), auch ohne dass man dem Winkel λ die speciellen Werthe 0 und 180° ertheilt.

§ 24. Ein Proportionalzirkel besteht aus zwei gleichen Linealen, welche wie die Schenkel eines Zirkels mit einander verbunden und um einen Punkt beweglich sind. Aus diesem sind auf beiden Linealen gerade Linien gezogen, die nach verschiedenen Verhältnissen eingetheilt sind.

Auch ohne Benutzung des Proportionalzirkels kann man leicht $\frac{x}{2}$ constructiv finden.

§ 25. Dass die hier abgeleitete Projection nichts anderes ist als die stereographische Polarprojection, ergiebt sich aus den Erörterungen S. 79. Eigenartig ist der Weg, auf dem *Lambert* hier zu den Formeln gelangt, neu ferner die einfache Construction des § 24.

§ 27, letzte Zeile. Hier steht im Original fälschlich A statt Q.

§ 28. *Cotesius (Roger Cotes)*, 1682 - 1716, englischer Mathematiker, der sich namentlich um die Ausbildung der Integralrechnung verdient gemacht hat. Er gab *Newton's*

Principia heraus. Ueber den Cotesischen Lehrsatz vergl. *Schlömilch*'s Handbuch der algebraischen Analysis, Cap. X.

§ 33. *Pappus*, berühmter Mathematiker des Alterthums, lebte am Ende des dritten Jahrhunderts unserer Zeitrechnung in Alexandria. Näheres über denselben s. *M. Cantor*, Vorlesungen über Geschichte d. Math. I, S. 374 ff.

§ 38. Hier steht im Original fälschlich $\tfrac{1}{2}\xi$ statt $\tfrac{1}{2}\zeta$.

In der Tabelle des § 38 sind im Original die letzten Decimalen einiger Zahlen falsch angegeben. Eine grössere Aenderung war hinsichtlich des Coefficienten von n^2 in der letzten Reihe erforderlich. Derselbe ist nicht, wie *Lambert* angiebt, 0,0205608, sondern 0,0207275.

§ 40. Die Angabe, dass der Fehler ein Maximum ist für $n = \sqrt{\tfrac{1}{2}}$, ist nur angenähert richtig. Denn für $x = y = \text{tang}\,\tfrac{1}{2}\xi$ wird nach § 15 resp. 16 einerseits $\sin\tfrac{1}{2}\zeta = \sin\xi \sin\tfrac{\lambda}{2}$, andererseits $z = 2\,\text{tang}\,\tfrac{1}{2}\xi \cdot \sin\tfrac{\lambda}{2}$, mithin ist nach der in § 38 eingeführten Bezeichnung $n = \sin\tfrac{\lambda}{2}$. Der Fehler $z - \tfrac{1}{2}\zeta$ ist daher $2n\,\text{tang}\,\tfrac{1}{2}\xi - \arcsin(n\sin\xi)$, und dieser Ausdruck ist ein Maximum für $n = \sqrt{\tfrac{1}{2}}\sqrt{1 + \tfrac{1}{2}\text{tang}^2\tfrac{1}{2}\xi}$.

In den beiden Tabellen des § 40 sind bei *Lambert* die Subtrahenden der Ausdrücke für $\tfrac{1}{2}\zeta$ sämmtlich zu gross angegeben. Ich habe die falschen Zahlen durch die richtigen ersetzt.

§ 41. Die eben angegebenen Aenderungen in den Zahlenwerthen des § 40 machten es nöthig, in der zweiten Zeile des § 41 das Wort »zu gross« durch »zu klein« zu ersetzen.

In der Tabelle für $z - \tfrac{1}{2}\zeta$ ist bei *Lambert* die letzte Ziffer um 1 Minute falsch.

§ 44. Die Fassung der Construction ist nicht ganz deutlich. Die Linie CP ist von C aus auf der horizontalen Mittellinie abzutragen $= CQ$, Q ist mit R zu verbinden; endlich ist QR von P aus auf der Linie PC abzutragen $= PS$.

Die Construction kommt darauf hinaus, dass, wenn O das im Mittelpunkte der Kugel befindliche Auge ist, die Dreiecke OCP und OMN durch die congruenten Dreiecke RCQ und SMN ersetzt werden.

§ 45. *Maurolycus, Franciscus*, aus Messina (1494—1575), von griechischer Abkunft, war der bedeutendste Geometer des

16. Jahrhunderts. Sein Hauptverdienst ist, dass er in der Behandlung der Kegelschnitte zuerst über *Apollonius* hinausging.

§ *46*. Am Schluss ist, ohne dass es ausdrücklich gesagt ist, angenommen, dass P der Pol ist. In der Form, wie es ausgesprochen ist, gilt daher das Resultat nur für die stereographische Polarprojection. Um dasselbe auf eine beliebige Lage des Punktes P auszudehnen, hat man das Wort Aequatorshöhe durch Abstand vom Mittelpunkte der Karte zu ersetzen.

§ *47—57*. Die hier abgeleitete Projection heisst *Lambert's* **winkeltreue Kegelprojection**. Sie war vor *Lambert* nicht bekannt.

§ *50*. Dieser § enthält im Original einen Fehler. Dort steht, dass $\dfrac{1-x}{2m}$ für $m = 0$ in $\log \cotg \tfrac{1}{2}\varepsilon$ übergeht. Statt dessen muss es $\tfrac{1}{2} \log \cotg \tfrac{1}{2}\varepsilon$ heissen.

§ *52*. *Lambert* bezeichnet die in diesem § auftretenden Briggischen Logarithmen mit demselben Zeichen wie vorher die natürlichen. Daher war hier eine Aenderung erforderlich. Ich habe die Bezeichnung log für die natürlichen Logarithmen beibehalten, die Briggischen aber mit Log bezeichnet.

§ *56*. Die *Zimmermann*'schen Sternkegel rühren her von *Johann Jacob Zimmermann* 1644—1693), der zuerst Diakonus in Bietigheim in Württemberg, dann Prof. d. Math. in Heidelberg, später Corrector einer Druckerei in Hamburg war. Sein Werk: Coniglobium nocturnale stelligerum s. Conus astroscopicus geminus ist 1704 in Hamburg erschienen, 1706 und 1729 ebendort in deutscher Sprache.

§ *58—64*. Die hier abgeleitete Projectionsart nennt man die winkeltreuen Kreisnetze von *Lambert* oder auch die *Lagrange*'sche Projection. *Lambert's* Erörterungen entbehren der erforderlichen Allgemeinheit. Denn er betrachtet 1 nur einen solchen Meridian, der mit dem geradlinigen Meridian der Karte einen unendlich kleinen Winkel bildet. Daher ist der Beweis, dass die Abbildung überall conform ist, nicht geführt. 2) Für die Behauptung, dass die Parallelkreise der Erde in Kreise der Karte übergehen, fehlt der Beweis ganz.

Eingehender sind die Kreisnetze von *Lagrange* betrachtet in einer in den Memoiren der Berlin. Akad. 1779 erschienenen

Abhandlung, die in dem 55. Bändchen der Klassiker enthalten ist.

§ 61. Dass $MA = \text{tang}\left(\tfrac{1}{2}m\lambda\right)$ ist, ergiebt sich so: $m\lambda$ ist der Winkel, welchen die in P an den Kreis PMp gelegte Tangente mit der Geraden Pp bildet; daher ist auch Winkel $ABP = m\lambda$. Da nun $AP = 1$, so ist

$$AB = \cotg m\lambda, \quad MB = PB = \frac{1}{\sin m\lambda},$$

$$MA = \frac{1}{\sin m\lambda} - \cotg m\lambda = \text{tang}\left(\tfrac{1}{2}m\lambda\right).$$

§ 65. Das Problem der reciproken Trajectorien, zuerst von *Johann Bernoulli* gelöst, besteht in folgender Aufgabe. Es sind zwei congruente Curven symmetrisch so an einander gelegt, dass sie sich schneiden. Die eine wird sich selbst parallel fortbewegt. Wie müssen die Curven beschaffen sein, damit die zweite in jeder so entstandenen Lage die erste unter constantem Winkel schneidet, also diese zur Trajectorie hat. — Die Lösung enthält eine willkürliche Function.

§ 68. Es hätte gesagt werden müssen, dass dx', dx'' etc. die absoluten Werthe der Differentiale bezeichnen.

§ 72. Mittelpunkt heisst hier: Mittelpunkt der Projection. Hinsichtlich der Ableitung der hier vorkommenden Formeln s. S. 80.

§ 73. Lambert theilt hier zum ersten Male die allgemeinsten Formeln für die conforme Abbildung einer Kugel auf eine Ebene mit, wobei er angiebt, dass die Lösung selbst von *Lagrange* herrühre. Wie die folgenden § § ergeben, weiss *Lambert* mit der allgemeinen Lösung nichts anzufangen. Er hat sogar das Wesen derselben verkannt, da er annimmt, $\beta e^{-t\sqrt{-1}}$ müsse von $-\alpha e^{-u\sqrt{-1}}$ genau so abhängen wie $\beta e^{+t\sqrt{-1}}$ von $\alpha e^{+u\sqrt{-1}}$. Wie man die allgemeine Lösung verwerthen kann, hat zuerst *Lagrange* in der oben citirten Arbeit (S. 87 letzte Zeile) gezeigt. — Wie viel einfacher die Discussion der allgemeinen Lösung zum Ziele führt, als die von *Lambert* benutzten Reihenentwickelungen, darüber vergl. die Note zu § 85. — Auch auf die Frage der bei der conformen Abbildung entstehende Verzerrung geht *Lambert* gar nicht ein.

Bougainville's (*Louis Anton Graf de B.*, 1729—1811) Integralrechnung ist 1752 in Paris erschienen.

§ 74–79. Obwohl von den in diesen §§ entwickelten unendlichen Reihen keine Anwendung gemacht wird, glaubte ich dieselben doch nicht unterdrücken zu sollen.

In § 77 enthält das Original einen Fehler. Es ist nicht, wie dort angegeben, $B = \frac{1}{2} a'$, $C = \frac{1}{1} b'$, $D = \frac{1}{6} c'$, sondern es wird $B = 0$, $C = 0$, $D = 0$, $E = 0$ etc. Dieselben Aenderungen mussten in § 79 vorgenommen werden. In § 79 ist ferner zu bemerken, dass die Ausdrücke für B^k, C^k, D^k erst von $k = 1$ an gelten, nicht für $k = 0$, während die Ausdrücke für b^k, c^k, d^k, e^k auch für $k = 0$ richtig sind.

§ 82. In den in diesem § mitgetheilten Reihen sind im Original die Coefficienten von $\lambda^6 p^3$, $\lambda^8 p^1$, $\lambda^7 p^2$, λ^9 falsch angegeben; sie sind im Text durch die richtigen ersetzt.

§ 85. Die Projection, deren Formeln hier abgeleitet sind, nennt *Tissot* (die Netzentwürfe der geographischen Karten, deutsch von *Hammer*, Stuttgart 1887): *Lambert's* winkeltreue cylindrische (Transversal-) Projection.

Ohne Benutzung unendlicher Reihen kann man die Resultate dieses § folgendermaassen ableiten. Nach § 73 ist, wenn $\sqrt{-1} = i$ gesetzt wird,

1) $\quad x + iy = f(i\mu + \lambda), \quad x - iy = f_1(i\mu - \lambda).$

wo f und f_1 willkürliche Functionen sind. Ferner ist § 73)
$\mu = \log \tan (15° + \frac{1}{2} p)$, daher

$$\tan \frac{1}{2} p = \frac{e^\mu - 1}{e^\mu + 1}, \quad \cos p = \frac{2}{e^\mu + e^{-\mu}}, \quad \tan p = \frac{e^\mu - e^{-\mu}}{2}.$$

$$p = 2 \text{ arc tang} \left(\frac{e^\mu - 1}{e^\mu + 1}\right).$$

Dabei ist arc tang mit reellem Argument zwischen $-\frac{\pi}{2}$ und $+\frac{\pi}{2}$ zu wählen, arc tang ist also eindeutig definirt.

Da nach § 84 für $p = 0$ auch $y = 0$ werden soll, haben wir die Bedingung

2) $\quad\quad\quad f \cdot \lambda = f_1(-\lambda).$

Ferner soll (§ 84), wenn $\lambda = 0$ ist, $x = 0$, $y = p$ werden. Das giebt die Bedingungen

3) $$f(i\mu) + f_1(i\mu) = 0,$$

4) $$f(i\mu) - f_1(i\mu) = 2ip = 4i \text{ arc tang} \left(\frac{e^\mu - 1}{e^\mu + 1}\right).$$

Aus 3) und 4) folgt

$$f(i\mu) = 2i \text{ arc tang} \left(\frac{e^\mu - 1}{e^\mu + 1}\right),$$

$$f_1(i\mu) = -2i \text{ arc tang} \left(\frac{e^\mu - 1}{e^\mu + 1}\right),$$

daher

5) $$f(i\mu + \lambda) = 2i \text{ arc tang} \left(\frac{e^{\mu - i\lambda} - 1}{e^{\mu - i\lambda} + 1}\right),$$

$$f_1(i\mu - \lambda) = -2i \text{ arc tang} \left(\frac{e^{\mu + i\lambda} - 1}{e^{\mu + i\lambda} + 1}\right).$$

Diese Functionen genügen von selbst der Gleichung 2). Setzt man die Ausdrücke 5) in 1) ein, so erhält man durch Addition und Subtraction der beiden Gleichungen 1) x und y, und zwar ergiebt sich, wenn man noch die Formeln für arc tang α — arc tang β resp. für arc tang α + arc tang β anwendet:

$$x = i \text{ arc tang} \left(\frac{-2i \sin \lambda}{e^\mu + e^{-\mu}}\right)$$

$$= i \text{ arc tang}(-i \sin \lambda \cos p) = \frac{1}{2} \log \left(\frac{1 + \sin \lambda \cos p}{1 - \sin \lambda \cos p}\right),$$

$$y = \text{arc tang} \left(\frac{e^\mu - e^{-\mu}}{2 \cos \lambda}\right) = \text{arc tang} \left(\frac{\text{tang } p}{\cos \lambda}\right)$$

$$= \text{arc cotg } (\cos \lambda \cot p)$$

oder

$$\cot y = \cos \lambda \cot p.$$

Diese Formeln gehen für $p = 90° - \varepsilon$ unmittelbar in die Formeln des § 85 über.

§ 86. In den Formeln des ursprünglichen Textes steht irrthümlicher Weise mehrmals cos λ an Stelle von sin λ. Diese Fehler sind in dem Neudruck verbessert.

§ 89. Statt $y = 90°$ würde besser $y = \frac{1}{2}\pi$ zu setzen sein.

§ 90. Statt Wendungspunkt würde man heute Wendepunkt sagen.

§ *92.* Zweckmässiger Weise hätte für die Punkte der Kugel eine andere Bezeichnung gewählt werden sollen, als für die entsprechenden Punkte der Karte.

§ *97.* Der Umstand, dass auch hier die Punkte der Karte mit denselben Buchstaben wie die entsprechenden Punkte der Erdoberfläche bezeichnet sind, kann leicht zu einem Missverständniss führen. Es sei daher hervorgehoben, dass, während in § 96 C, M, P etc. Punkte der Karte bezeichnen, in § 97 mit denselben Buchstaben die entsprechenden Punkte der Erdoberfläche benannt werden. k ist also der sphärische Abstand der Punkte C und M der Erdoberfläche, ω der Winkel, welchen der Hauptkreis CM der Erdoberfläche mit dem Aequator bildet. In § 98 und 99 bezeichnen die Buchstaben C, P, M wieder Punkte der Karte.

In der Tabelle S. 57 mussten einige Zahlen, die im Original falsch waren, geändert werden. Der Deutlichkeit wegen habe ich in den ersten Horizontalreihen der beiden Tabellen S. 57 und S. 58 die Bezeichnung Grad und Minute hinzugefügt.

§ *99.* Die durch $CM = k$ bestimmte Projection heisst **äquidistante Azimutalprojection**. Bei derselben ist der Abstand irgend eines Punktes der Karte vom Mittelpunkt der Karte gleich dem betreffenden Abstand auf der Erde. Die Projection ist weder winkel- noch flächentreu. Meridiane und Parallelkreise werden transcendente Curven.

§ *99* vorletzte Zeile: Raum ist hier für Flächeninhalt gebraucht.

§ *101.* Von der *Lambert*'schen Figur, welche das Gradnetz der ganzen Erdoberfläche darstellt, ist hier nur die Hälfte wiedergegeben. Die hier gelehrte Projection heisst die äquivalente oder flächentreue Cylinderprojection von *Lambert* (auch wohl isocylindrische Projection). Man erhält dieselbe, indem man die Erde auf einen sie längs des Aequators berührenden Cylinder senkrecht projicirt und dann den Cylinder in eine Ebene abwickelt.

§ *102.* Die hier erörterte Projection unterscheidet sich von der im § 101 gelehrten nur dadurch, dass hier auf einen Cylinder projicirt wird, der die Erde längs eines Meridians berührt. Hinsichtlich der Fig. 18 ist zu beachten, dass an Stelle Q der Karte der Winkel steht, dessen Sinus $= \sin \lambda \cos p$ ist. Die Länge AQ ist $= \sin \lambda \cos p$, während AR die Länge des Bogens ist, dessen Cotangente $= \cot p \cos \lambda$ ist.

92 Anmerkungen.

In der Tabelle für AR (S. 64) musste eine Zahl geändert werden. Ferner sind in dieser Tabelle die Buchstaben λ und p, die im Original an falscher Stelle stehen, vertauscht worden. Endlich wurden in den obersten Horizontalreihen beider Tabellen die Benennungen Grad und Minute hinzugefügt.

§ *104*. Die erörterte Projection ist *Lambert*'s **flächentreue Azimutalprojection**, und zwar betreffen die Formeln des § 104 die Polarprojection, die Fig. 19, sowie die Formeln der §§ 105—107 die Meridianprojection. *Tissot* nennt die Projection: flächentreue Zenitalprojection resp. flächentreue zenitale Meridianprojection.

§ *108—110*. Die hier erörterte Projection ist *Lambert*'s flächentreue Kegelprojection.

Lambert bespricht von der äquivalenten oder flächentreuen Abbildung nur specielle Fälle, geht aber auf das Princip derselben nicht ein. Die allgemeinste Formel für diese Abbildung ist folgende. Soll eine Kugel vom Radius 1 auf eine Ebene flächentreu abgebildet werden, und entspricht dabei dem Punkte der Kugel, dessen Breite p und dessen Länge λ ist, ein Punkt der Ebene, dessen rechtwinklige Coordinaten x, y sind: so sind x, y Functionen von λ und p, die der folgenden Differentialgleichung genügen:

$$\frac{\partial x}{\partial p}\frac{\partial y}{\partial \lambda} - \frac{\partial x}{\partial \lambda}\frac{\partial y}{\partial p} = \cos p.$$

Es ergiebt sich dies daraus, dass $\cos p \, dp \, d\lambda$ das Flächenelement der Kugel, $\left(\frac{\partial x}{\partial p}\frac{\partial y}{\partial \lambda} - \frac{\partial x}{\partial \lambda}\frac{\partial y}{\partial p}\right) dp \, d\lambda$ das entsprechende Flächenelement der Karte darstellt.

§ *114*. Die Formel S. 70 Z. 8 v. u. ist im Original unrichtig.

§ *115*. In den beiden ersten Formeln dieses § wird stillschweigend vorausgesetzt, dass dv und dx die absoluten Werthe der Differentiale bezeichnen. Besser würde man auf den linken Seiten der beiden Formeln das Zeichen minus hinzufügen.

§ *117*. Der Satz S. 72 Z. 17—19 v. o. lautet im Original: »So z. E. wenn das Schiff im ersten Fall unter einem Winkel von 45° vom Aequator gegen Norden oder Süden fährt, so wird dieser Grad auf der sphäroidischen Erdfläche um etwan 15 Minuten kleiner« etc. Bei dem Abdruck habe ich die unklare Wendung »im ersten Fall« durch die deutlichere »auf letzterer« (nämlich auf der sphärischen Erdfläche, ferner das falsche Wort »Grad« durch das richtige »Winkel« ersetzt.

Zum Verständniss des von *Lambert* Gesagten bemerke ich noch Folgendes. Ein Schiff segelt von einem Orte zum andern nicht längs eines grössten Kugelkreises, sondern längs einer Curve, die alle Meridiane unter gleichem Winkel schneidet. Diese Curve, Loxodrome genannt, geht bei der *Mercator*'schen Projection in eine gerade Linie der Karte über. Man denke sich nun einmal die sphärische Erde nach *Mercator*'s Projection entworfen. Dabei seien O und A zwei Punkte des Aequators, die um einen Längengrad von einander entfernt sind. Trägt man auf dem durch A gehenden Meridian einen Breitengrad $= AB$ ab, so ist $AB = OA$; das Dreieck OAB der Karte ist rechtwinklig-gleichschenklig, der Curs OB des Schiffes bildet daher mit dem Aequator einen Winkel von $45°$. Ist aber die Erde nicht mehr eine Kugel, sondern sphäroidisch, so ist die Linie AB der Karte kleiner als OA, der Winkel BOA ist daher kleiner als $45°$, etwa gleich $44° 45'$.

S. 73. *Lambert* nimmt für die Abplattung der Erde den *Newton*'schen Werth $\frac{1}{230}$ an, der nach unsrer heutigen Kenntniss zu gross ist.

Mit der vorhergehenden Abhandlung ist die dritte Abhandlung von Theil III der »Beyträge« S. 35—55 gemeint. Sie handelt »von der Rectification elliptischer Bögen durch unendliche Reihen« und enthält eine Tabelle über die Längen der einzelnen Meridiangrade. Auch dort ist die Abplattung $= \frac{1}{230}$ angenommen.

§ 118. Zum Verständniss ist Folgendes zu bemerken: Auf der sphärischen sowohl, als auf der sphäroidischen Erdoberfläche ist der Bogen einer Loxodrome s oben Anm. zu § 117, die mit den Meridianen den Winkel α bildet, gleich $\frac{1}{\cos \alpha}$ mal dem Meridianbogen zwischen den zu den Endpunkten der Loxodrome gehörigen Parallelkreisen. — Es folgt dies daraus, dass das Bogenelement der Loxodrome $= \frac{1}{\cos \alpha}$ mal dem Bogenelement des Meridians, und dass α constant ist.

94 Anmerkungen.

§ 119. Das negative Zeichen vor $b^2 dp$ in der vorletzten Gleichung S. 74 rührt daher, dass mit zunehmendem x die Breite p abnimmt.

§ 121. Die Formel des Textes für $\frac{N\nu}{MN}$ ist nicht richtig. Denn nach *Lambert* soll sich das Verhältniss $\frac{N\nu}{MN}$ aus dem Verhältniss $\frac{M\mu}{MN}$ dadurch ergeben, dass man in letzterem $p + dp$ an Stelle von p setzt. Das führt zu einem richtigen Resultate nur, wenn, wie bei der Kugel, MN gleich dp, multiplicirt mit einer Constanten, ist, nicht aber, wenn MN ausser von dp noch von p selbst abhängt, wie es bei einem Ellipsenbogen der Fall ist. Durch die Substitution von $p + dp$ an Stelle von p geht vielmehr bei einem Ellipsenbogen das Verhältniss $\frac{M\mu}{MN}$ in $\frac{N\nu}{NN'}$ über, wenn NN' das auf MN folgende Bogenelement bezeichnet. Die *Lambert'*sche Entwickelung ist daher durch folgende zu ersetzen: Der Linie MN der Karte (s. Fig. 8 S. 25) entspricht nach § 115 ein Meridianbogen

$$dv = \frac{+ b^2 dp}{(1 - e^2 \sin^2 p)^{\frac{3}{2}}}.$$

Dem Bogen $M\mu$ entspricht (§ 114) der Bogen des Parallelkreises

$$dw = \frac{d\lambda \cos p}{\sqrt{1 - e^2 \sin^2 p}}.$$

Endlich entspricht dem Bogen $N\nu$ der Bogen

$$dw_1 = \frac{d\lambda \cos(p + dp)}{\sqrt{1 - e^2 \sin^2(p + dp)}} = dw \left[1 - \frac{dp \sin p (1 - e^2)}{\cos p (1 - e^2 \sin^2 p)} \right].$$

Daher ist

$$\frac{N\nu}{MN} = \frac{dw}{dv}\left[1 - \frac{dp \sin p (1 - e^2)}{\cos p (1 - e^2 \sin^2 p)} \right];$$

und mit Rücksicht darauf, dass p abnimmt, während x wächst, wird

$$\frac{m'r + dx\, d\lambda}{dx} = - \frac{dw}{dv}\left[1 - \frac{dp \sin p (1 - e^2)}{\cos p (1 - e^2 \sin^2 p)} \right].$$

Ausserdem war
$$\frac{m x d\lambda}{dx} = -\frac{dw}{dv};$$
somit wird
$$m d\lambda = \frac{dw}{dv} \frac{dp \sin p (1 - e^2)}{\cos p (1 - e^2 \sin^2 p)}$$
$$- \frac{\cos p (1 - e^2 \sin^2 p) d\lambda}{b^2 dp} \cdot \frac{dp \sin p (1 - e^2)}{\cos p (1 - e^2 \sin^2 p)}$$
$$= \frac{1 - e^2}{b^2} \sin p d\lambda = \sin p d\lambda,$$

da $b^2 = 1 - e^2$ ist. Also ist
$$m = \sin p,$$
nicht aber, wie *Lambert* angiebt,
$$m = \sin p - e^2 \sin p (1 - 3 \cos^2 p).$$

Da ich an dem Originaltext grössere Aenderungen nicht vornehmen wollte, musste ich die Berichtigung des Fehlers auf die Anmerkung verweisen.

Halle a. S., Mai 1891.

A. Wangerin.

Inhalt.

Lambert's Abhandlung.

Seit

Einleitung . . . .
I. Charten zur Bestimmung der Distanzen der Oerter . .
II. Distanz der Oerter auf der Centralprojection . . . . .
III. Construction zur Bestimmung der Distanzen . . . . .
IV. Allgemeinere Methode, die Kugelfläche so zu entwerfen, dass alle Winkel ihre Grösse behalten . . . .
V. Fernere Erweiterung eben derselben Methode . . . . .
VI. Allgemeinster Vortrag eben derselben Methode . . . .
VII. Anwendung der Methode auf einen besonderen Fall . . 4
VIII. Reguläre Entwerfungen der Erdfläche 5
IX. Entwerfungsarten der Erdfläche in Absicht auf die Grösse der Länder 6
X. Entwerfung der sphäroidischen Erdfläche 6

Anmerkungen zu Lambert's Abhandlung.

I. Allgemeines 7
II. Die stereographische und die Mercator'sche Projection 7
III. Specielle Noten zum Text 8

Druck von Breitkopf & Härtel in Leipzig.

Nr. 24. **Galileo Galilei,** Unterredungen u. mathem. Demonstrationen über 2 neue Wissenszweige etc. (1638.) 3. u. 4. Tag mit 90 Fig. im Text. Aus dem Italien. u. Latein. übers. u. herausg. von A. von Oettingen. (141 S.) ℳ 2.—.

» 25. —— —— (1638.) Anhang zum 3. u. 4. Tag, 5. u. 6. Tag, mit 23 Fig. im Text. Aus dem Italien. u. Latein. übers. u. herausg. von A. von Oettingen. (66 S.) ℳ 1.20.

» 31. **Lambert's** Photometrie. (Photometria sive de mensura et gradibus luminis, colorum et umbrae). (1760.) Deutsch herausg. v. E. Anding. Erstes Heft: Theil I und II. Mit 35 Fig. im Text. (136 S.) ℳ 2.—.

» 32. —— —— Zweites Heft: Theil III, IV und V. Mit 32 Figuren im Text. (112 S.) ℳ 1.60.

» 33. —— —— Drittes Heft: Theil VI und VII. — Anmerkungen. Mit 8 Figuren im Text. (172 S.) ℳ 2.50.

» 36. **F. Neumann,** Über ein allgemein. Princip der mathemat. Theorie inducirter elektr. Ströme. (1847.) Herausg. von C. Neumann. Mit 10 Fig. im Text. (96 S.) ℳ 1.50.

» 37. **S. Carnot,** Betrachtungen üb. d. bewegende Kraft d. Feuers und die zur Entwickelung dieser Kraft geeigneten Maschinen. (1824.) Übers. u. herausg. v. W. Ostwald. Mit 5 Fig. im Text. (72 S.) ℳ 1.20.

» 40. **A. L. Lavoisier** u. **P. S. de Laplace,** Zwei Abhandlungen über die Wärme. (Aus den Jahren 1780 u. 1784.) Herausg. v. J. Rosenthal. Mit 13 Figuren im Text. (74 S.) ℳ 1.20.

» 44. Das Ausdehnungsgesetz der Gase. Abhandlungen von Gay-Lussac, **Dalton, Dulong** u. **Petit, Rudberg, Magnus, Regnault.** (1802-1842.) Herausg. von W. Ostwald. Mit 33 Textfiguren. (213 S.) ℳ 3.—.

» 52. **Aloisius Galvani,** Abhandlung üb. d. Kräfte der Electricität bei der Muskelbewegung. (1791.) Herausgegeben von A. J. v. Oettingen. Mit 21 Fig. auf 4 Taf. (76 S.) ℳ 1.40.

» 53. **C. F. Gauss,** Die Intensität der erdmagnetischen Kraft auf absolutes Maass zurückgeführt. In der Sitzung der Kgl. Gesellschaft der Wissenschaften zu Göttingen am 15. December 1832 vorgelesen. Herausgegeben von E. Dorn. (62 S.) ℳ 1.—.

» 54. **J. H. Lambert,** Anmerkungen und Zusätze zur Entwerfung der Land- und Himmelscharten. (1772.) Herausgegeben von A. Wangerin. Mit 21 Textfiguren. (96 S.) ℳ 1.60.

» 55. **Lagrange** u. **Gauss,** Abhandlungen über Kartenprojection. (1779 u. 1822.) Herausgegeben von A. Wangerin. Mit 2 Textfiguren. (102 S.) ℳ 1.60.

» 56. **Ch. Blagden,** Die Gesetze der Überkaltung und Gefrierpunktserniedrigung. 2 Abhandlungen. (1788.) Herausgegeben von A. J. v. Oettingen. (49 S.) ℳ —.80.

» 57. **Fahrenheit, Réaumur, Celsius,** Abhandlungen über Thermometrie. (1724, 1730—1733, 1742.) Herausgegeben von A. J. v. Oettingen. Mit 17 Fig. im Text. (140 S.) ℳ 2.40.

» 59. **Otto von Guericke's** neue »Magdeburgische« Versuche über den leeren Raum. (1672.) Aus dem Lateinischen übersetzt und mit Anmerkungen herausgegeben von Friedrich Dannemann. Mit 15 Textfiguren. (116 S.) ℳ 2.—.